写真で記憶が甦る！

懐かしの鉄道

車両・路線・駅舎の旅

櫻田 純

青春新書
INTELLIGENCE

はじめに

時代は昭和から平成を経て令和へと変わりましたが、振り返ると日本の鉄道の盛衰は、ほぼ昭和時代とともにありました。

東海道本線に特急「つばめ」が颯爽《さっそう》と走った戦前、戦争のため大量の人員物資輸送にすべてが優先された戦中、敗戦の混乱の中で鉄道が国土の復興を支えた終戦直後、日本復活の象徴となった東京オリンピック開催と東海道新幹線開業、全国特急網の整備など、鉄道に関する昭和のエポックはいくつもあります。

その反面、近代日本の発展に大きく貢献した石炭産業の終焉《しゅうえん》と炭鉱に依存した鉄道の廃止、動力近代化計画の元に行われた蒸気機関車の廃止、地方における赤字ローカル線の廃止、鉄道貨物輸送再編に伴う貨物列車の廃止など、失われたものもたくさんありました。

私が愛してやまない日本国有鉄道（国鉄）も、１９８７（昭和62）年3月31日に廃止され、ＪＲ各社に生まれ変わっています。

国鉄時代は、功罪《こうざい》こそあれ、鉄道が地方と国家の発展の証《あかし》として、多くの国民に評価されていました。その時代の奔放《ほんぽう》で闊達《かったつ》な姿が、鉄道車両や列車運用に表れていたと思います。特に車両に関しては、現在のような民間の工業デザイナーが提案するものと異なり、いろいろな制約の中で全国統一的につくられる「官製の魅力」がありました。ここ最近、各地で「最後の国鉄型車両」が廃止されて話題になっていますが、その背景には、単に往《おう》時《じ》を懐《なつ》かしんでいるだけでなく「官製の魅力」を感じている多くの方々の存在があるのではないしょうか。

本書は、昭和時代を切り口に全国の国鉄や私鉄の懐かしい写真を見ながら、鉄道の足跡をたどっていただくことを目的に編《あ》まれました。

第1章では、昭和の車両をまとめています。私は子供の頃から東海道新幹線、小田急江ノ島線、相模鉄道本線に囲まれたところに住んでいますが、小学校のときクラスで鉄道好きの仲間が休み時間に集まり、「東海道新幹線（0系電車）と小田急ロマンスカー（NSE車）のどっちがカッコいいか」で激論になったことを思い出しました。クラスには父親が高島機関区（横浜にあった）で蒸気機関車を運転しているという子もいてスターでした。

第2章では、時刻表地図から消えた路線を集めています。全路線を書いたらそれだけで一冊になってしまうので、断腸《だんちょう》の思いで絞り込みました。

第3章は昭和の駅の風景です。現存する駅の中で、改築前の貴重な姿を中心に集めています。特に懐かしいのは横浜駅東口。かつては西口より開けていて、コンクリートづくりの重厚《じゅうこう》な駅舎が印象的でした。やはり小学生のとき、お盆《ぼん》に家族全員で父の実家の秋田に帰省するため、プラチナチケットだった急行「津軽」のＢ寝台券４枚をとろうと、東口に徹夜で並んだことが思い出です。

そのほか、特集１の「人気だった北海道の鉄道旅行」は、高校生のときに初めて一人で北海道旅行をしたときの印象でまとめました。今では想像できないくらい青函連絡船《せいかんれんらくせん》を利用する旅行者が多く、函館駅から夜行の急行「すずらん」に乗ったときには床に新聞紙を敷いて寝る人や網棚（「Ｃ寝台」と呼ばれた非合法のスペース）に寝る人がいるほどでした。

特集２の「路面電車の思い出」では、全国の路面電車（市電）を集めています。私が子供の頃は珍しい存在ではありませんでしたが、気がついたらごっそりなくなっていました。

紙面の都合で割愛《かつあい》させていただいた項目も多々あり、「自分にとっての昭和の鉄道が載っていない！」と思われる方もいるでしょう。それらはまた何かの機会に紹介させていただくとしてご了承ください。

それではさっそく、昭和の鉄道の魅力を訪ねる旅に出ることにしましょう。

櫻田　純

写真で記憶が甦る！ 懐かしの鉄道 車両・路線・駅舎の旅●目 次

東北地方の廃線 152

関東・甲信越地方の廃線 158

北陸・東海地方の廃線 168

近畿・中国四国地方の廃線 178

キャラバン

上野駅 UENO STATION

関東・甲信越地方の駅

カバー写真／ＰＩＸＴＡ
本文デザイン・ＤＴＰ／ハッシィ

新幹線から人気の豪華列車、通勤列車まで

第1章　懐かしの車両

国鉄特急VS私鉄特急

新幹線

世界初の高速鉄道「Ｓｈｉｎｋａｎｓｅｎ」は、東京オリンピックを間近に控えた１９６４（昭和39）年10月1日に開業した。

当時の外国人向け紹介文には「Ｂｕｌｌｅｔ－Ｔｒａｉｎ」と書かれていたが、これは第二次世界大戦中に構想され、一部が着工されていた「弾丸列車」を直訳したものだ。弾丸列車は東京から下関に至る高速鉄道だが、そこからさらに対馬《つしま》海峡を海底トンネルで結び、朝鮮《ちょうせん》・満州《まんしゅう》、はてはヨーロッパまで繋がる壮大な構想に基づいていた。

新幹線 0 系電車（上右）
1964 年の東海道新幹線開業時に登場し、1986 年まで製造された。先頭車のデザインは飛行機を参考にした流線形。世界で初めて時速 200 キロを超える営業運転を行った。写真は初期の客室窓が大きいタイプ。

新幹線 0 系電車（上左）
JR 化後、100 系で騒音防止効果があったパンタグラフ部の覆いが、0 系にも取り付けられるようになった。

新幹線 100 系電車
1985（昭和 60）年に登場した東海道新幹線の２世代目車両。空気抵抗削減のための鋭角な先頭車のデザインと、２階建て車両の連結が特徴である。

２階建て車両の２階にある食堂車。眺望の良さに定評があった。

新幹線 200 系電車
1982（昭和 57）年の東北新幹線・上越新幹線開業の際に登場した。正面スカートを強化したり、床下機器全体をカバーで覆うなど雪対策を徹底的に行っている。最高速度は 240 キロに向上した。

小田急ロマンスカー

小田急電鉄は、１９３４（昭和９）年から宣伝のコピーに「ロマンスカー」という言葉を使っており、戦後になると映画館の２人掛け客席「ロマンスシート」にあやかって、２人掛け座席の特急を「ロマンスカー」と命名した。

箱根と江ノ島という人気観光地を沿線に持つロマンスカーは沿線の住民や観光客から大好評を博した。

3000 形電車（上右）
画期的な軽量高性能新特急車として、1957（昭和 32）年に登場した。流線形・低重心・超軽量で、「スーパー・エクスプレス・カー（SE 車）」と呼ばれた。当時の狭軌鉄道としては最速の 145 キロを樹立。

3000 形電車（上左）
海老名付近を走る特急「さがみ」。晩年は 5 両編成が 1 本もしくは 2 本で運転されることが多かった。

3000形電車
国鉄御殿場線に乗り入れていた「あさぎり」。国鉄の特急料金を加算されないように「連絡急行」と呼ばれていた。

3100形電車
3000形が好評だったことから、さらに車両を増やし、正面に展望席を設けた3100形が1963（昭和38）年に登場した。愛称はNSE（New Super Express）。展望席は人気が高く、予約開始と同時に売り切れた。写真は箱根湯本に到着した「はこね」。

7000形電車

1980（昭和55）年に登場した新型のロマンスカーで、NSE登場以来18年ぶりのリニューアルとなった。NSEのデザインは踏襲しつつも各所に新しい技術が盛り込まれた。

10000形電車

1987（昭和62）年に小田急電鉄開業60周年を記念してつくられた。最大の特徴は展望席以外の座席をハイデッカー（高床）とし、眺望を良くした点である。

ボンネット型国鉄特急形電車

東海道本線全線電化に伴い、東京・大阪間を６時間30分で結ぶ特急電車が計画され、１９５８（昭和33）年に特急「こだま」が登場した。

高速走行時の運転士の視認性を高めるために運転席の位置を高くし、客室の静粛性向上のために騒音を発生する機器をボンネットの中に収めた。このデザインが、その後の国鉄特急形電車に踏襲《とうしゅう》された。

151 系電車（上右）
東海道新幹線開業までの短期間、特急「こだま」は日本最速の電車だった。それまで客車を使用していた特急「つばめ」なども、順次電車化された。

181 系電車（上左）
1962（昭和 37）年に山岳線仕様の 161 系が登場したが、東海道新幹線開業で余剰になった 151 系も転属先に合わせて山岳線仕様の改造を受けたため、両方の番号を整理して 181 系とされた。上野・新潟間「とき」、上野・長野間「あさま」、新宿・松本間「あずさ」、新大阪（大阪）・下関間「つばめ」「はと」、新大阪・宇野間「ゆうなぎ」などがあった。

481 系電車
特急電車により在来線の高速化が実現したことから、地方幹線の交流区間にも特急電車網を拡大するために交直流電源仕様の車両が新製された。西日本（60Hz）には 481 系、東日本（50Hz）には 483 系が投入され、のちに両方に対応する 485 系が登場した。写真は大阪・金沢（富山）間で運転された特急「雷鳥」。

483系電車
上野・平（一部仙台）間で運転された特急「ひたち」。

東武鉄道ロマンスカー

日光は第二次世界大戦前から観光地として人気があり、国内外から多くの人が訪れていた。そのため、国有鉄道と東武鉄道は都内から直通列車を運転して輸送サービスに努めた。

戦後、東武鉄道はＧＨＱの要請で日光行の外国人専用特急列車を運行。のちに日本人も利用できるようになると、国鉄も新型車両を導入してサービス合戦が始まった。

最終的には東武鉄道に軍配《ぐんばい》が上がり、現在はＪＲ特急が東武鉄道に乗り入れる形になっている。

1720系電車（上右）
1960（昭和35）年から運転を開始した豪華特急。外国人観光客の体格に合うようにゆったりしたリクライニングシートを備え、マジックドアという貫通路の自動ドアやビュッフェ、ジュークボックスのあるサロンルームを設置。DRC（Deluxe Romance Car）と呼ばれた。写真は「きぬ」。

1800系電車（上左）
「りょうもう」は1969（昭和44）年に急行用として登場した。特急並みの設備だったが、DRCの存在感が大きすぎて急行の立場に甘んじた。

5700系電車

国鉄が上野・日光間に快速列車を導入したことに対抗して、1951（昭和26）年に特急用5700系が登場した。この時代の新造車にしては古色然としたデザインだが、背もたれカバーと肘掛けがついた転換クロスシートを備えていた。また、車内放送でレコードを演奏することもできた。写真は東武伊勢崎線快速「たびじ」。

6000系電車
浅草から日光方面へ直通する快速や日光線の区間運転用として、1964（昭和39）年から投入された。2扉のセミクロスシートで2両ごとにトイレを設けたり、各ボックス席にテーブルを備えるなど、行楽列車にふさわしい車両だった。

国鉄特急形電車

国鉄の特急電車といえばボンネット型が主流だったが、１９７２（昭和47）年に東京地下駅発着の房総方面の特急列車が新設された際、新しいデザインの車両が投入された。非常時に正面から脱出できたり、将来的に途中駅での分割・併結ができるように考えられた通り抜け可能なデザインの車両である。

　このデザインは、通り抜けの有無にかかわらず、以降の国鉄特急形電車に採用された。

183系直流電車（上右）
総武快速線開業に合わせて製造され、地下鉄の難燃材料の基準を満たした。房総各線の「わかしお」「さざなみ」「あやめ」などに投入されたが、のちに伊豆方面の「あまぎ」や181系が使用されていた「とき」「あずさ」などにも進出した。

183系直流電車（上左）
「あまぎ」は東京・伊豆急下田間を結び、のちに185系「踊り子」に道を譲った。

485 系交直流電車

ボンネット型の 481・483・485 系がある交流幹線にも、正面が通り抜けできる 485 系が投入された。特急「しらさぎ」は名古屋から米原を経由して金沢を結んだ。

381 系直流電車

カーブと勾配が連続する山岳路線のスピードアップのため、1973（昭和 48）年の中央西線電化に合わせて振り子式の特急形電車がつくられ、名古屋・長野間の特急「しなの」に投入された。その後、紀勢本線「くろしお」、伯備線「やくも」にも使用されている。

581・583系交直流電車

寝台専用列車は昼間に稼働せず車両基地を占有する。そのため、昼も夜も使える車両のほうが効率的と考えられ、１９６７（昭和42）年に世界初の電車による５８１系寝台車が登場した。東日本でも、１９６８年の東北本線全線電化に伴い、50Hz仕様で乗車定員を増やした５８３系が登場した。写真は昼間特急として上野・仙台間で使用された「ひばり」。

781 系交流電車
函館本線小樽・旭川間の電化に際して運転された 711 系電車による急行列車が好評だったことから、1975（昭和 50）年に 485 系エル特急「いしかり」が登場した。しかし、本州の車両をベースにしていたため、冬の北海道では故障が相次ぎ、1979（昭和 54）年から極寒地用の 781 系が投入されることになった。写真は夏の石狩川を渡る特急「ライラック」。

185系直流電車

153系急行形電車の老朽化に伴い、1981（昭和56）年から投入された。のちに特急「踊り子」が新設され、183系による特急「あまぎ」と153系による急行「伊豆」「おくいず」が廃止・統合された。写真は修善寺に向かう特急「踊り子」。

7000系電車
1961（昭和36）年に登場した日本で初めて先頭部に展望席を設けた「パノラマカー」。側面には窓が連続しているように見える連続窓を採用し、未来感を出した。写真は登場時の雰囲気を残す特急「新岐阜行」。

名鉄特急「パノラマカー」

名古屋鉄道（名鉄）は、豊橋・新岐阜間で国鉄東海道本線と競合関係にあり、それまでにないデザインの特急形車両「パノラマカー」を投入することで国鉄に挑んだ。

また、沿線はトヨタ自動車のお膝《ひざ》元《もと》で自動車先進地域のため、その後も快適な車両を投入し続け、鉄道離れを食い止めた。

最近は中部国際空港へ名鉄各線からの特急列車網が整備されている。

12200系電車
1969（昭和43）年から製造され、近鉄特急の顔として一世を風靡した。軽食を提供するためのキッチンが設けられていたため、「スナックカー」と呼ばれた。

近鉄特急

近畿日本鉄道（近鉄）は、総延長500キロを超える日本一の路線規模を誇る私鉄である。

大阪、奈良、三重、愛知、京都の2府3県にまたがる沿線には、古都の奈良と京都、さらに伊勢志摩、吉野などの観光地があり、大阪・名古屋間のアクセスも担うため、古くから特急網の整備が行われてきた。

南海特急「こうや」

平安時代からの霊場で、現在世界遺産に登録されている高野山《こうやさん》。その霊山への参詣客を輸送するため、南海電気鉄道は１９６１（昭和36）年からデラックスズームカー２００００系「こうや」を難波《なんば》・極楽橋《ごくらくばし》間で運転した。

橋本・極楽橋間は50パーミルの急《きゅう》勾配《こうばい》と半径１００メートル以下の急カーブがあり、平地で高速、山地で力強い登坂力《とうはんりょく》が要求された。同区間に乗り入れる車両は広角から望遠に対応するカメラのズームレンズになぞらえて「ズームカー」と呼ばれた。その後、１９８３（昭和58）年には３００００系に交代している。

20000系電車（上右）
1961（昭和36）年に登場した20000系「こうや」。ヨーロッパ風のデザインはスイス連邦鉄道のTEE用電車を参考にしたといわれている。高級感のある内装は高島屋が担当した。

30000系電車（上左）
1983（昭和58）年に登場した30000系「こうや」。初代同様、大きな正面ガラスで眺望を良くしている。のちに正面貫通式の31000系も登場した。

西日本鉄道

西日本鉄道（西鉄）の天神大牟田《てんじんおおむた》線は、博多の中心部の天神と福岡県南端の大牟田を結んでいる。大牟田はかつて三井三池炭鉱で栄えた町で、航路を使った島原半島への玄関口でもあった。

　国鉄時代の鹿児島本線は長距離列車重視だったので競合感は薄かったが、民営化後は都市間アクセスに注力。それに対し、西鉄は料金不要の特急を30分間隔で運転した。

　現在は3扉の3000形に置き換わっているが、快適な転換クロスシートは踏襲されている。

8000形電車（上右）
国鉄民営化に備えて1987（昭和62）年に登場した。転換クロスシートで先頭車は眺望を良くした。また、車内チャイムは「乾杯」「贈る言葉」「赤いスイトピー」など沿線にゆかりのあるアーティストの曲が使われた。2017年に引退している。

2000形電車（上左）
1973（昭和48）年に特急用としてデビュー。新製時から転換クロスシートや冷房を備えていた。8000形登場後は3扉に改造され、急行や普通列車に使用されている。

ブルートレイン

ブルートレイン

機関車が牽引する特急寝台列車を、車体色から「ブルートレイン」と呼んだ。首都圏では朝夕の通勤時間帯に首都圏を発着する姿が羨望《せんぼう》の的だった。

ピーク時には日本全国で運転されていたが、飛行機の低価格化や新幹線の高速化、夜行バスの普及などに伴い、利用者が減少。2015（平成27）年に引退した特急「北《ほく》斗《と》星《せい》」（上野・札幌間）が定期運用の最後となった。

20 系寝台車（上右）
1958（昭和 33）年に登場。それまでの寝台列車は新旧さまざまな客車で組成されていたが、すべて同一シリーズの固定編成となった。車内サービス用の電源車を編成の端に連結したほか、個室寝台と開放寝台を備え、さらに食堂車も連結したことから、「走るホテル」と呼ばれた。写真は特急「みずほ」。

24 系寝台車（上左）
ＥＦ 66 形電気機関車に牽引される特急「みずほ」。1961（昭和 36）年に旧型客車による不定期列車として誕生したが、のちに 20 系、14 系を経て 24 系寝台車となった。全盛期には東京と熊本・長崎間を結んだ。

14 系寝台車
長崎本線を行く特急「さくら」。九州に配属されたＥＤ 75 形電気機関車が 14 系寝台車を牽引している。

24 系寝台車

Ｂ寝台車のベッド幅が 70 センチに拡大され、大柄な人でもくつろげるようになった。写真の特急「さくら」は晩年、高速貨物用のＥＦ 66 形電気機関車に牽引されており、パワーを持て余し気味だった。

24 系寝台車
鷹ノ巣駅に停車する特急「日本海」。国鉄末期には合理化の名のもとにヘッドマークの掲出が省略された。

14 系寝台車
東海道本線横浜駅で修学旅行電車と並ぶ、14 系特急「みずほ」。

24系寝台車
奥羽本線普通列車と並ぶ24系化された特急「日本海」。電源車はネコ髭面だった。

14（24）系寝台車
三段式B寝台車の中段を昼用に上げたところ。20系寝台車時代は車両給仕係が乗り込み寝台を設置解体したが、14（24）系寝台車は乗客が押しボタンで寝台を解体した。

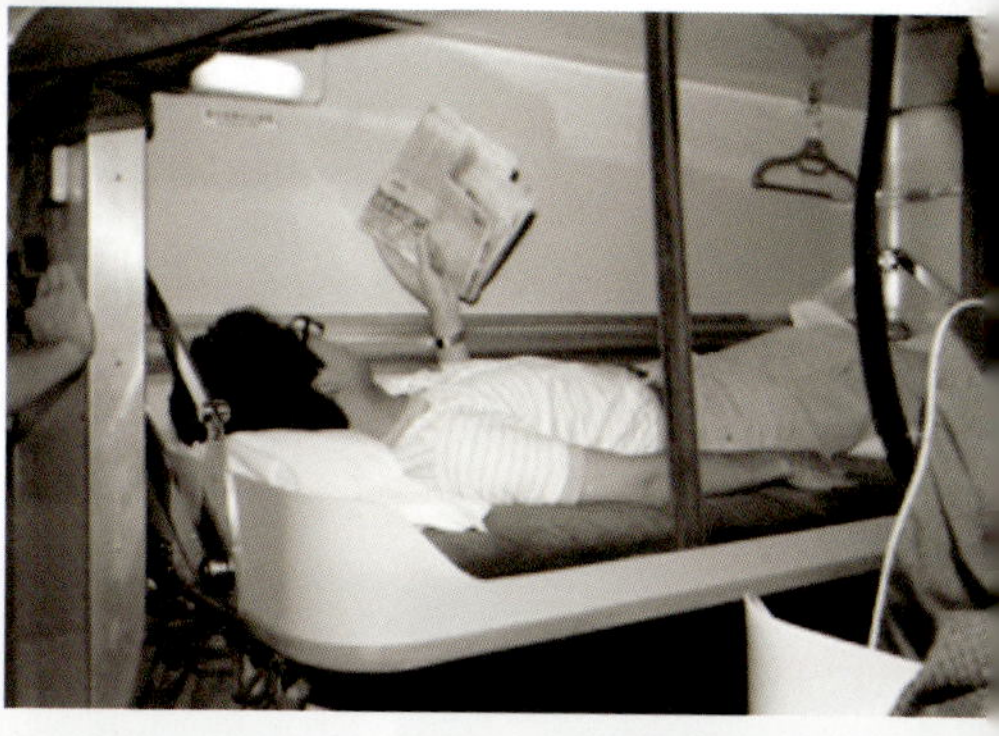

3段式B寝台車の中段。横になれるだけ快適だ。

近郊形電車

近郊形電車

都心から郊外、または地方都市間を走る近郊形電車は、乗降の利便性とある程度の快適さを兼ね備えた3扉・セミクロスシート（向かい合わせ席と、そうでない席の組み合わせ）とされた。また、数両ごとにトイレも設置された。

東海道本線東京口・大阪口・横須賀線では、当初から1等車（グリーン車）を連結していた。

401 系電車（上右）
1961（昭和 36）年の常磐線取手・勝田間交流電化の際に登場した。153 系急行形電車に似たフロントデザインで、初期タイプの先頭車は大きな曲面ガラスが特徴である。

401 系電車（上左）
401 系の後期タイプは 153 系急行形電車同様、踏切事故対策として先頭車の運転席の位置を高くした。そのため、正面・窓の天地が狭くなっている。

421 系交直流電車
鹿児島本線原田駅を通過する 421 系。この車両は 401 系の西日本（60Hz）版である。外観上は 401 系と区別がつかない。

交直流電車は直流電車と違い、パンタグラフからとった交流電気を車上で直流に整流する。そのため、パンタグラフ周辺は電気関係の機器が複雑に設置されている。

昭和の常磐線は、担ぎ屋（行商人）のおばちゃんのメッカで、早朝には専用の車両もあった。

415系交直流電車
上野駅で457系急行「ときわ」（左）と並ぶ415系（右）。415系は交流区間で東日本の50Hzと西日本の60Hzのどちらにでも対応できるようになった。客室窓がユニットサッシ（はめ込み式の窓枠）の車両も登場した。

113 系直流電車

1962（昭和 37）年に 401 系の直流バージョンとして 111 系がデビュー。続いて出力をアップした 113 系が登場し、東海道本線や横須賀線等に投入された。1 等車（グリーン車）を 2 両連結した 11 両編成＋増結 4 両編成という長大な編成が特徴だった。写真は初期の面影を残すクハ 111 形（大目玉車）。

113系直流電車

東海道本線保土ヶ谷付近を通過する113系。先頭車の前照灯が小型化され、客室窓がユニットサッシとなった後期タイプ。

115 系直流電車
111 系を寒冷地・山岳地仕様にして、1963（昭和 38）年に登場した。最大の特徴は抑速ブレーキの搭載で、急勾配に対応した。写真の湘南色は当初、高崎線・東北本線の上野口、横須賀線色は中央本線で使用されたが、多くの車両は国鉄末期までに旧性能車の置き換えとして全国の直流電化区間に配置され、民営化後も生き残った。

711 系交流電車
1968（昭和 43）年、函館本線小樽・滝川間電化の際につくられた。形式からも近郊形電車に分類されるが、北海道特有のパウダースノーを吸い込むと機器が壊れるので、耐雪対策が施された。また、吹雪対策としてオデコに補助灯がつけられている。

通勤形電車

戦中～戦後の通勤輸送が逼迫《ひっぱく》していた時期に、長さ20メートルの4扉、ロングシートの旧63系電車が通勤形電車として登場。それを元にした73系電車が現在の通勤電車の原型となった。

　その後に登場した101系電車は、両開き扉を採用したり、車内に新建材を多用して、明るく清潔で快適な車両を実現。さらに、それまでの通勤形電車の車体色といえば茶色（ブドウ色）だったが、カラフルなラインカラーを採用したことも画期的だった。

　こうした特徴が、その後の通勤形電車に踏襲されて現在に至っている。

101 系電車（上右）
中央線・青梅線直通の特別快速「おくたま」。101 系は 1957（昭和 32）年に新しい車両技術によってつくられた。当初は編成全部が電動車だったが、のちに 103 系のように動力を持たない付随車に改造されたものもあった。

103 系電車（上左）
常磐線色（エメラルドグリーン）の常磐線快速。ラインカラーは山手線がウグイス、中央線がオレンジ、京浜東北線・関西地区東海道本線緩行線がスカイブルー、総武緩行線がカナリヤだった。

103 系電車（上下）
1974 年製造分からは、運転士の視認性向上と踏切事故対策のために運転席を高くした車両が登場した。正面の窓下にステンレス帯の装飾がつけられ、引き締まった顔になった。

103系電車

103系には営団地下鉄（現東京メトロ）に乗り入れるために難燃対策を施した1000番台（常磐線・千代田線）と、1200番台（総武緩行線・東西線）のバリエーションがあった。1200番台は総武緩行線のカナリヤの帯を採り入れたが、平成になると誤乗車防止のため、東西線に合わせて水色の帯に変更された。

201 系電車

201 系は、サイリスタチョッパという電流制御装置を採用し、電力回生ブレーキを持つ省エネ電車。当初中央線に投入されたが、のちに総武線や関西地区東海道本線緩行線などにも登場した。顔が黒いことから「シャムネコ」と呼ばれていた。

73系電車
通勤形電車の基本となった車両。写真は鶴見線で最後の活躍をしていた1978年頃のクモハ73形。

旧型国電

旧型国電

国鉄時代、都市近郊で新型車両が投入されると、旧型車両がトコロテン式に地方に転出した。

　中でも戦前からの機構を踏襲してつくられた国鉄電車は、「旧性能電車」または「旧型国電（旧国）」と呼ばれ、地方ローカル線で大活躍した。

　特筆すべきは国鉄末期の飯田線である。主に関西圏や首都圏から旧型国電が集結し、さながら電車博物館の様相を呈していた。

クモハ 53 形電車（上右）
駒ヶ根駅に停車中の普通列車。クモハ 53 形のうちモハ 43 形をルーツとする 2 両は、流線形のモハ 52 形（のちのクモハ 52 形広窓タイプ）と側面デザインが共通していた。

郵便荷物合造車クハユニ 56 形電車（上左）
中央本線辰野駅と東海道本線豊橋駅を結ぶ飯田線では、国鉄時代に鉄道による荷物・郵便輸送が盛んに行われた。

クハ 68 形電車

戦前に製造された車両の多くは幾多の改造を重ねており、まったく同じ車両が存在しないほどバリエーションに富んでいた。写真は 3 扉セミクロスシートのクハ 68 形。

クモニ 83 形電車
湘南電車の郵便荷物車を改造した先頭のクモニ 83 形（100 番台）クモニ 13 形荷物電車が 2 両の旅客電車を従えて走る。

クモハ 53 形電車
クモハ43形を出力アップした。ずらりと並ぶ小窓が特徴である。

80系電車

元祖・湘南電車として一世を風靡し、最後は飯田線で活躍した。戦後生まれだが、旧性能電車なので、戦前生まれの旧型国電と同時期に淘汰された。

戦前生まれの旧型国電の多くは、木造の内装だった。床はニス塗りで独特の匂いがした。国鉄時代の地方ローカル線では、鉄道を利用して大きな荷物を運ぶ人が多かった。

80 系は当時としては新しい材料を内装に多用していた。

クハ 86 形（左）とクモユニ 56 形（右）
豊橋・小坂井（旧平井信号所）間は名古屋鉄道と線路を共用しており、豊橋駅のホームも隣接していた。そのため誤乗車を防ぐ目的で、停車中だけ行先札が掲示された。

クモハ 51 形とクハ 68 形
豊橋・豊川間の区間運転では荷物車を連結せず、2 両くらいでのんびり走っていた。

119系電車
旧型国電を駆逐した新性能電車の119系も今や鬼籍に入り、えちぜん鉄道に売却されたものだけが残る。

73 系電車
1970 年代までは首都圏でも旧型国電が活躍していた。写真は南武線川崎駅。

クモハ 40 形電車
青梅線では 73 系に交じって前後に運転席のあるクモハ 40 形が増結用に使われていた。写真は青梅駅。

クモハ 12 形
戦前に製造された旧型国電のうち、山手線などには車体が短い 17 メートル級電車が投入された。戦後は主に都市部の支線や地方私鉄で活躍した。写真は鶴見線大川支線。

クモハ 12 形の車内
車内は木の床で壁はニス塗り、ラッシュ時につかまるためのスタンションポールが設置されていた。

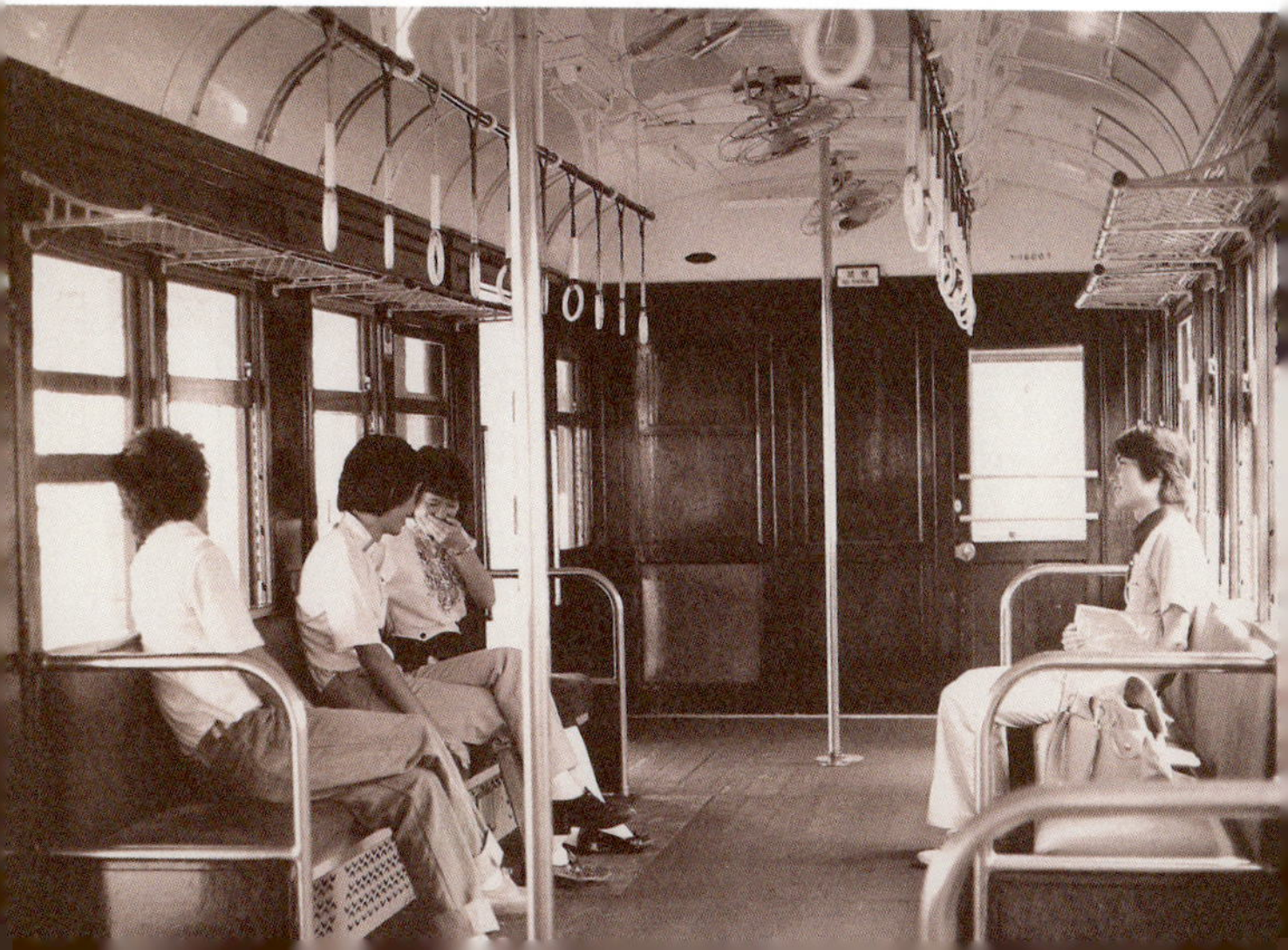

気動車

気動車

気動車（ディーゼルカー）とは、バスのように軽油を燃料として走る鉄道車両で、戦前からドイツの技術を手本に開発されてきた。

当初は変速機が自動車でいうマニュアルシフトだったため長編成に向かなかったが、戦後にオートマチック車のような液体変速機が普及すると長編成が可能になり、非電化区間での輸送力を飛躍的に高めた。

キハ 10 系気動車（上右）
1953（昭和 28）年に登場した量産型気動車で、累計 728 両が製造された。当時のエンジンは出力が小さかったため車体寸法を小さくし、内装を簡素にして軽量化をはかっていた。写真は現在の海老名駅付近を走る相模線。

キハ 10 系気動車（上左）
国鉄末期には塗料のコストも切り詰めなければならず、２色の塗分けを改めて首都圏色（朱色）とした。しかし、「タラコ色」といわれ不評だった。写真は厚木駅に停車中の相模線。

キハ20系気動車

キハ10系を元に車体幅を広げ、居住性を高めた気動車。1957（昭和32）年に登場し、累計1,126両が製造された。スイスの車両技術を参考に強度と軽量化を実現している。写真は早春の水郡線を行くキハ25形ほか。

キハ 22 形気動車
北東北や北海道に配置された極寒地仕様のキハ 22 形が、函館本線大沼公園駅付近を走る。北海道では急行に使用されたこともある。

キハ 30 系気動車
非電化区間で朝夕の通勤通学客が多い線区用に作られた３扉ロングシートの気動車。外吊り式の両開き扉が印象的だった。写真はキハ 17 形をはさんで筑豊本線直方駅付近を走るキハ 35 形。

キハ 40 系気動車
国鉄末期を代表する気動車。ローカル線のサービス向上のため、1977（昭和 52）年に登場し、多くは民営化後もＪＲ各社で活躍した。当初から首都圏色だった。極寒地仕様もあり、北海道に配置された。写真は函館本線森駅に停車している極寒地仕様のキハ 40 形。

キハ 55 系気動車

1956（昭和 31）年から製造された準急用気動車。それまで非電化区間の準急列車は狭い 10 系気動車か機関車が牽引する客車だったが、スイスの車両技術を参考にして客車並みの快適性とスピードアップを追求した。2 個エンジン車がキハ 55 形、1 個エンジンがキハ 26 形である。写真は指宿枕崎線指宿駅で発車時間を待つキハ 26 形などの混成気動車。

キハ 58 系気動車
1961（昭和 36）年に登場した急行形気動車。居住性がキハ55 系に比べて格段に向上し、同時代の急行用電車と遜色がなくなった。写真は水郡線常陸大子駅で上野に直通する急行「奥久慈」。

キハ 58 系気動車
奥羽本線弘前駅にて雪煙を巻き上げて真っ白になった急行「むつ」。床下には単線用のスノープラウ（雪かき）がついている。

キハ 65 系気動車
キハ 58 系に冷房用電源を供給するため、大出力エンジンを搭載した。2 段のユニットサッシや客室扉が折り戸になっているなど、同時期に登場した 12 系客車と共通点が多い。

キハ 81 系気動車
1958（昭和 33）年のダイヤ改正の際、上野・青森間を結ぶ特急「はつかり」でデビューした。特急「こだま」形の気動車版だが、ふっくらした顔になり、「ブルドック」のあだ名がつけられた。写真は特急「くろしお」

キハ 82 系気動車
キハ 81 系の改良版として分割が可能なように、正面に貫通扉を設けた。四国を除いた北海道から九州まで幅広く活躍した。写真は室蘭本線虎杖浜駅で C57 が牽引する普通列車とすれ違う特急「北斗」。

181 系気動車
1968（昭和 43）年 10 月のダイヤ改正の目玉として登場した特急形気動車。500 馬力のエンジンを搭載したターボ車で、中央西線「しなの」や奥羽本線「つばさ」など、急勾配が連続する山間部の幹線の特急に投入された。写真は旧餘部鉄橋を走る特急「はまかぜ」。

客車列車

14系客車
吹雪の奥羽本線を駆け抜けた急行「おが」。国鉄末期の臨時急行列車には、12・14系客車が多く使われた。

客車列車

黎明期《れいめいき》の鉄道は、蒸気機関車が客車を牽引《けんいん》していた。やがて機関車の付け替えが不要な電車や気動車の発展により客車列車は減少したが、国鉄時代にはブルートレインなどの優等列車だけでなく、普通列車にも客車列車がまだ残っていた。

当時の時刻表は客車列車の列車番号がアルファベットのない数字のみで表記されていたため、探しやすかった。

オハネフ 12 形B寝台車
早朝の上野駅で乗客を降ろし、車両基地に戻る急行「津軽 2 号」。

オロネ 10 形 A 寝台車
プルマン式と呼ばれる二段式寝台車。

オハネフ 12 形 B 寝台車
ベッドは三段式で、幅が 52 センチしかなかった。しかし、夏は冷房が効いていて横になれるため、乗客としてはありがたかった。

スロ 62 形グリーン車
ゆったりしたリクライニングシートを備えていた。評判は上々で、ベッドより楽という人もいた。

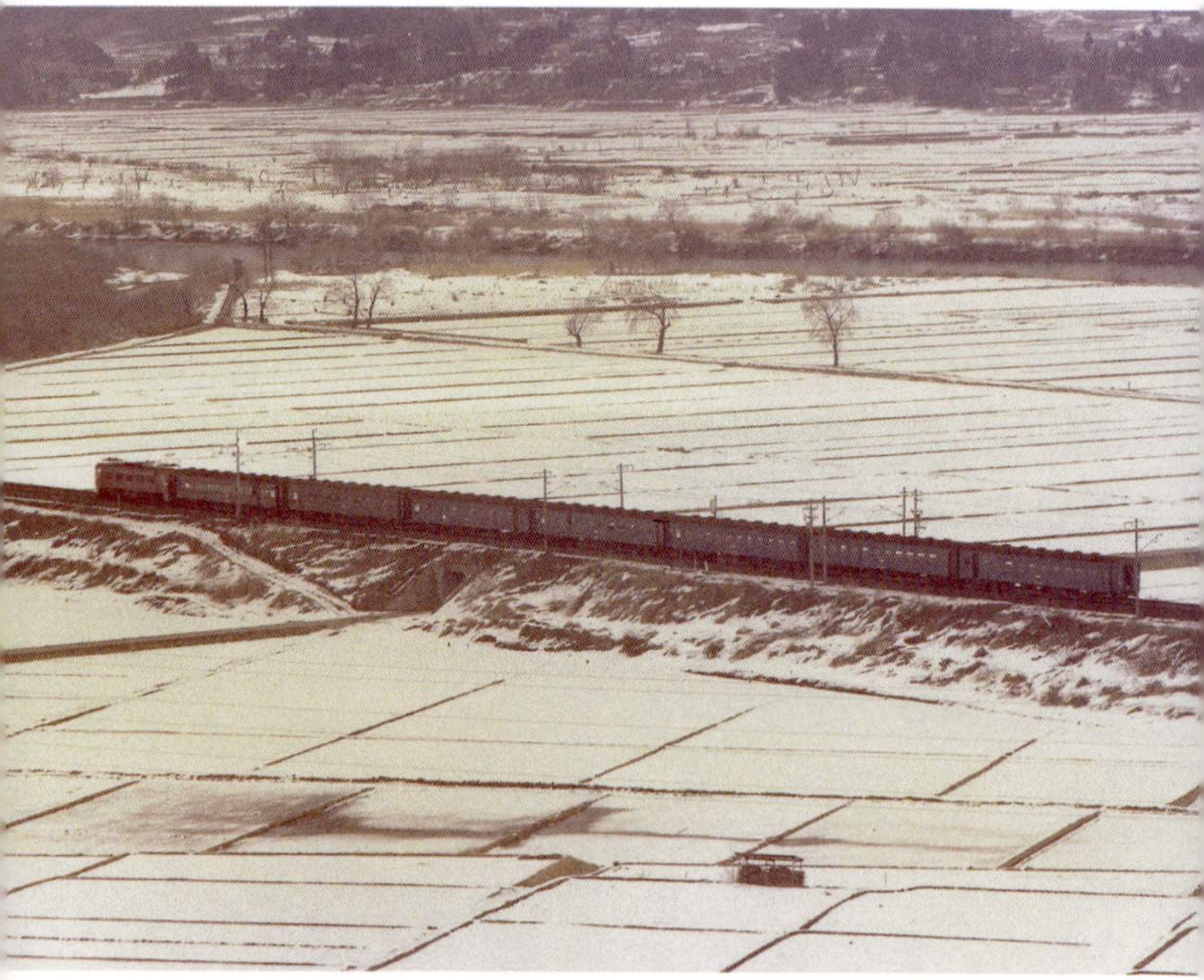

平泉駅付近を走る東北本線の普通列車。客車列車は地方では通勤通学時間帯に集中して運転されていた。また、幹線では荷物車・郵便車を従えた長大編成が見られた。

小松島線の通勤通学列車。昼間は気動車が２～３両だったが、朝夕は客車により堂々の９両編成だった。

岡山駅に進入する津山線の通学列車。学校が休みの日は編成が短くなった。

61 系客車
戦後の車両不足に対応するため、戦前に製造された。木造客車などの車体に鉄板を貼った鋼体化客車で、内装は木造だった。

61 系客車
写真は五能線の車内。背もたれは木の板のみで座席の間隔も狭いため、乗り心地は良くなかった。また、当初は白熱灯で扇風機もなかった。

35系客車
戦前から戦後にかけて作られた鋼製客車。急行用に作られたため、座席は比較的ゆったりとしていた。製造時期によりバリエーションがある。写真は戦前につくられた「丸屋根」と呼ばれるタイプである。

オハ 41 系客車
通勤型に改造された客車。現在のグリーン車に相当する旧２等車にリクライニングシートが普及すると、見劣りする客車が余剰となった。そこで座席を通勤車用のロングシートに改装し、つり革を取りつけてトイレを撤去したオハ 41 系が登場した。

郵便車
国鉄時代の長距離列車には、荷物車や郵便車が連結されることが多かった。郵便車は郵政省が出資した新造車もあったが、荷物車の多くは客車を改造したものだったので、種車《たねしゃ》（ベースの車両）によりさまざまなバリエーションが見られた。写真は都城駅での郵便車の積み下ろし風景。大きな駅では郵便・荷物のために停車時間が長くとられた。

私鉄車両

オハ 31 系電車
1927（昭和 2）年から国鉄初の鋼製客車として製造された17 メートル級客車で、二重屋根（モニタ屋根）を持つ。

津軽鉄道

1930（昭和5）年開業。五能《ごのう》線五所川原《ごしょがわら》駅に隣接する津軽五所川原から津軽中里までの20・7キロを結ぶ。

　中間駅の金木に太宰治《だざいおさむ》の生家があることが知られているが、この鉄道を全国的に有名にしているのは冬季運転のストーブ列車だ。車両は変われども、ダルマストーブは今なお健在である。

オハ31系の車内（上下）。ストーブの煙突とモニタ屋根の形状が目を引く。

キハ2000形気動車
一見、国鉄キハ22形に酷似しているが、留萌鉄道が自社発注した車両である。

茨城交通湊《みなと》線（現ひたちなか海浜鉄道）

１９１３（大正２）年開業。常磐《じょうばん》線勝田から阿字ヶ浦までの14・３キロを結ぶ。

かつては国鉄／ＪＲ東日本から海水浴客のために臨時急行「あじがうら」が乗り入れていた。

現在では軽快気動車やＪＲから購入した旧国鉄の気動車を使っているが、１９７０年代には廃止された留《る》萌《もい》鉄道から車両をまとめて購入したこともあった。

ケハ402形気動車
廃止された山鹿温泉鉄道からの譲受車を参考に自社発注した。

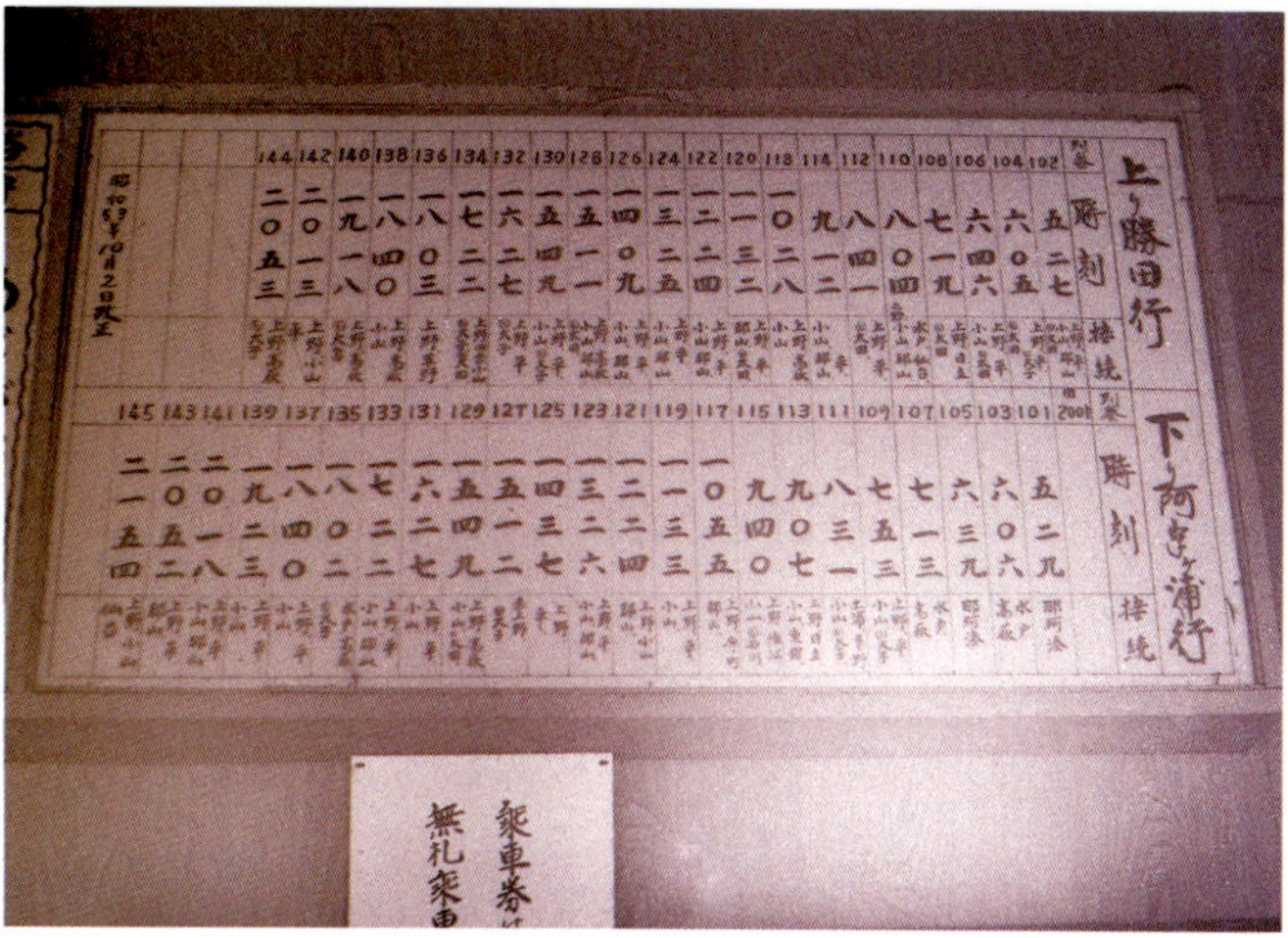

那珂湊駅の手書き時刻表。そば屋の品書きのように味がある。

デハ20形電車
さまざまな出自の旧型電車に、新造の車体を載せて昭和30年代に更新した。

上信電気鉄道

1897（明治30）年開業。高崎・下仁田《しもにた》間33・7キロを結ぶ。

設立当初は上野《こうずけ》鉄道という名称だったが、下仁田から山を越えて佐久《さく》鉄道（現小海《こうみ》線）と接続する計画が持ち上がった際に改称した。

ところがその後、世界恐慌のため計画は中止となってしまい、社名だけが残った。

キハ 500 形気動車
1959（昭和 34）年に自社発注された。当初からドアにステップがなく、空気バネ台車を使用していた。

関東鉄道常総線

１９１３（大正２）年開業。常磐線取手・水戸線下館《しもだて》間51・１キロを結ぶ。旅客路線としては東京から一番近い非電化私鉄で、昭和末期まで日本全国から中古の気《き》動車《どうしゃ》が集結し、博物館と化していた。

首都圏のベッドタウンとして沿線の発展は著しい。しかし、石岡市にある気象庁地磁気観測所の関係で直流電化ができないため、現在も非電化私鉄のままとなっている。

7800 系電車
1953（昭和 28）年に登場した 20 メートル級の通勤電車。車体寸法は戦災復旧車として譲渡された国鉄 63 系を参考にしていた。

東武鉄道

１８９９（明治32）年開業。伊勢崎線・亀戸線・大師《だいし》線・佐野線・桐生線・小泉線・日光線・宇都宮線・鬼怒川線・野田線・東上本線・越生《おごせ》線からなる総延長４６３・３キロの路線で、その営業距離は近鉄に次ぐ日本第2位を誇る。

１９８４（昭和59）年までほぼ全線で貨物列車が運転されていたこと、通勤型電車の８０００系が１９８３（昭和58）年までに７１２両も製造されたこと、夜行の行楽列車が季節運転されていることなど、国鉄顔負けのスケール感があった。

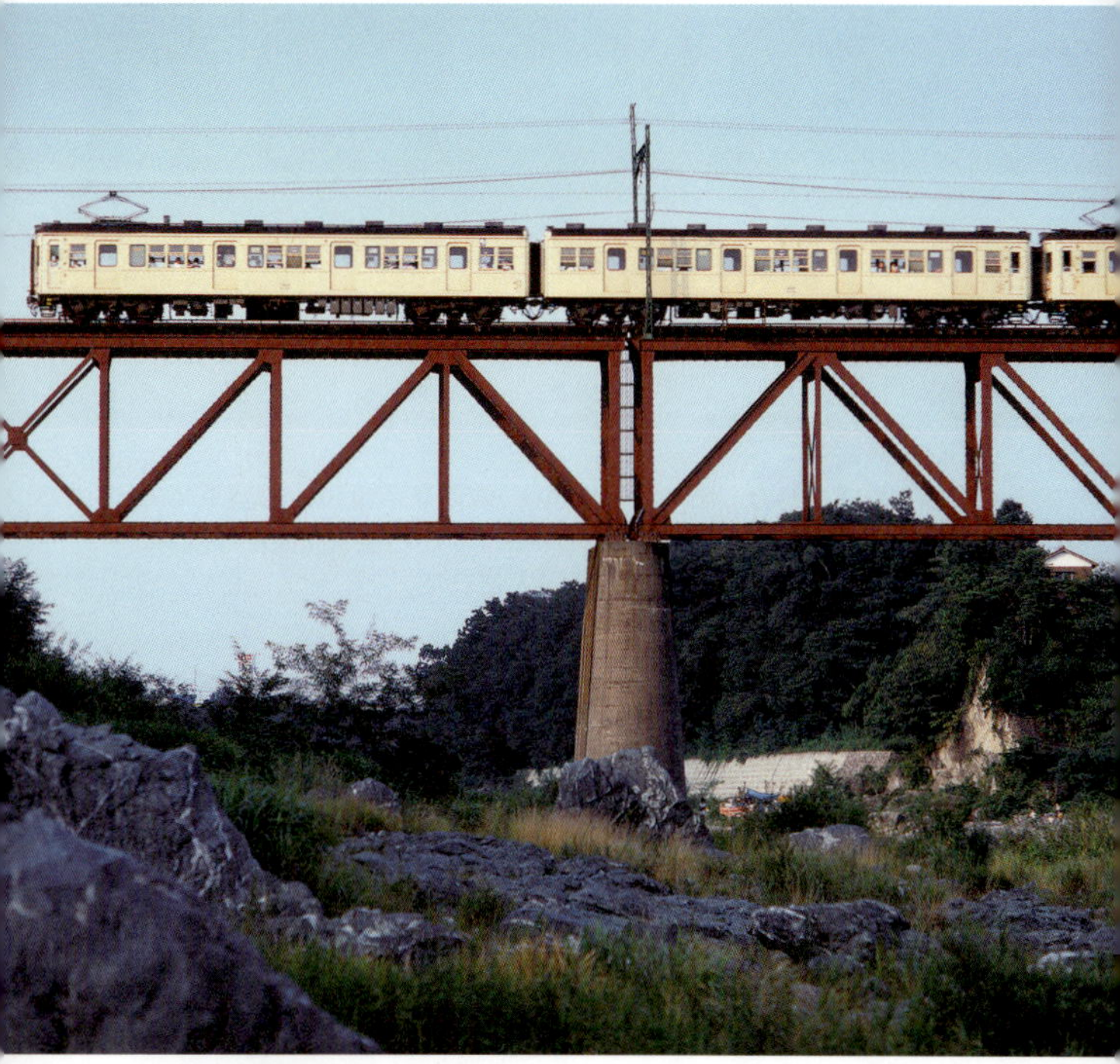

7800系電車

写真は小川町・寄居間の延伸に伴い、1925年から使用されている東上線荒川橋梁。鉄橋としては珍しい上路式プラットトラス橋である。

3000 系電車
8000 系に準じた 18 メートル級の車体を新造し、旧型電車の機器を流用して、1964（昭和 39）年から製造開始。幹線に投入後、野田線を経て各支線に投入された。

キハ 2000 形気動車
1954（昭和 29）年に作られた東武鉄道唯一の気動車で非電化の熊谷線に投入された。1983（昭和 58）年の熊谷線廃止に伴い、廃車となった。

ED5060 形
東武鉄道では 2003（平成 15）年まで貨物輸送を行っていた。
写真は ED5060 形が牽引するホッパー貨車。

ヨ 101 形緩急車
東武鉄道独特のデザインが施されている。

京急電鉄

１８９９（明治32）年開業の大師電気鉄道（京浜電気鉄道）と、１９３０（昭和５）年開業の湘南電気鉄道が合併して、現在の京急電鉄の原形ができた。

本線・空港線・大師線・逗子線・久里浜線からなり、総延長は87キロ。かつては三浦半島・南房総の観光をアピールしていたが、現在は羽田空港へのアクセスを重視している。

1000形電車（初代）（上右）
都営浅草線との直通運転用として1959（昭和34）年から製造された。長きにわたり同社を代表する車両で、快特から普通まで幅広く活躍した。

230形電車（上左）
湘南電気鉄道時代から合併後まで製造された16メートル級電車。1978年に定期運用を終え、高松琴平電鉄に譲渡された。

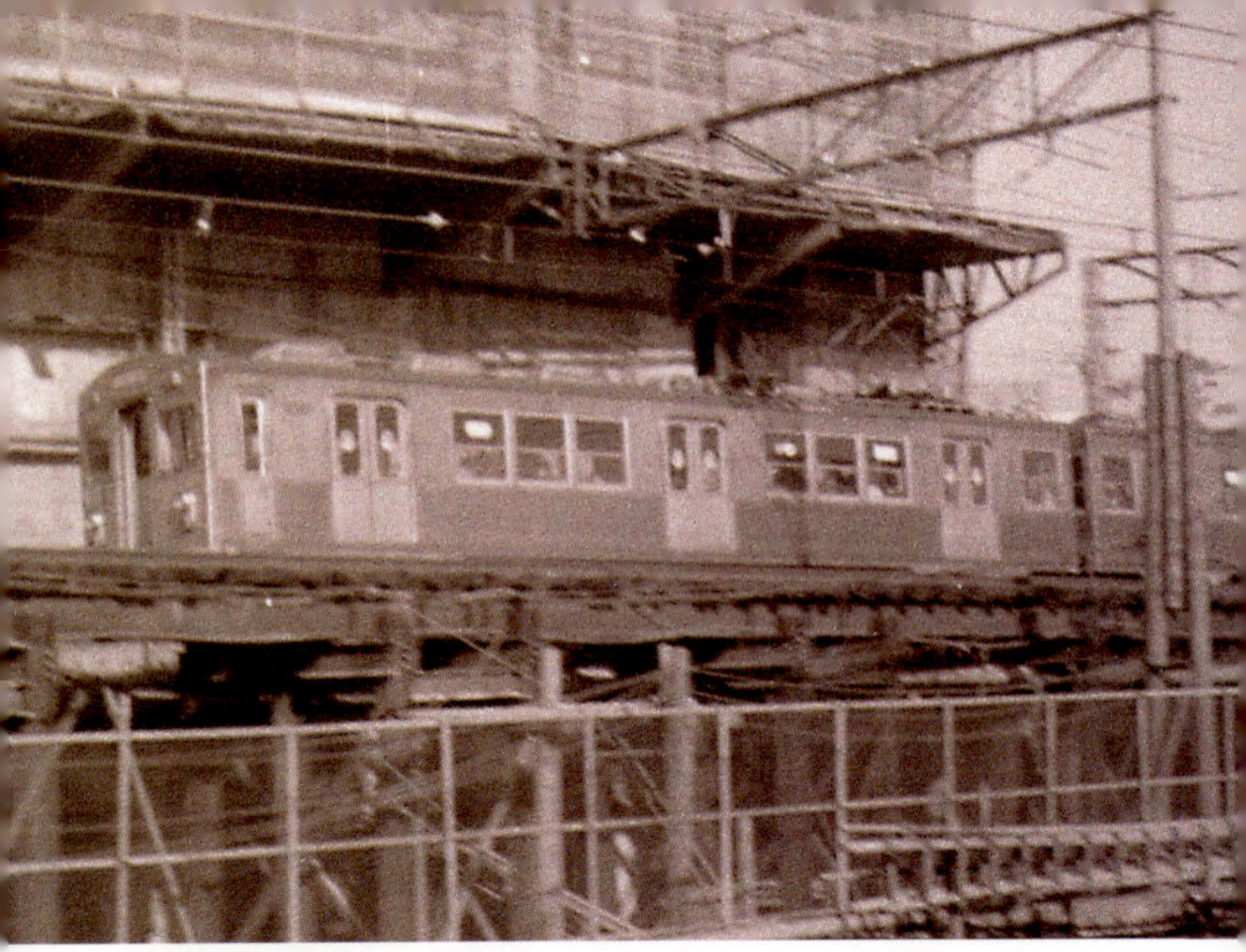

7000 系電車
米国社の技術提携により 1962（昭和 37）年に生まれた日本初のオールステンレスカーで、その後の同社の車両開発に大きな影響を与えた。写真は横浜駅付近を走行中の様子。

東急電鉄

１９２３（大正12）年、デベロッパーの田園都市株式会社の鉄道部門である目黒蒲田《かまた》電鉄が目黒・丸子《まるこ》（現在の沼部《ぬまべ》）間に目黒線を開業したのを始まりとする。

　総延長は１０４・９キロで、東横線・目黒線・田園都市線・大井町線・池上線・東急多摩川線・こどもの国線・世田谷線からなる。

5000系電車

1954（昭和29）年から製造された。飛行機のモノコック構造で軽量化をはかり、斬新なデザインを採り入れている。「青ガエル」の愛称で親しまれた。

2400 形電車

1959（昭和 34）年から製造された通勤電車で、経済性を重視した設計から「HE（ハイ・エコノミー）車」と呼ばれた。

小田急電鉄

1927（昭和2）年開業。小田原線・江ノ島線・多摩線からなり、総延長は110・7キロに及ぶ。

箱根・丹沢・江ノ島などの観光地に恵まれ、特急ロマンスカーが運転されているが、通勤客の利用も多い。かつては17メートル級3扉の通勤車両もあったが、現在は20メートル級、4扉に統一されている。

2220形電車
1954（昭和29）年、小田急初の軽量高性能車として2200形が製造された。その増備車として作られたのが正面貫通式の2220形。どちらも2両編成1組、通常6両編成で使用された。

1900形電車
1949（昭和24）年に製造された通勤電車。晩年は江ノ島線の各駅停車等に使用された。

9000 形電車
1972（昭和 47）年に営団地下鉄千代田線との直通運転を行うためにつくられた。はじめから冷房装置を搭載しており、斬新なデザインも人気があった。

2600 形電車
1964（昭和 39）年から製造された初の 20 メートル級新型車両で、のちに 6 両固定編成となった。「NHE（New High Economy）」車と呼ばれた。

デニ 1300 形電車
小田急電鉄では、1984 年まで鉄道による新聞や荷物輸送を行っていた。この車両はデハ 1300 形を荷物車に改造したものだ。

新 6000 系電車
塗装試験でグリーン案が採用されていた。写真は地上時代の大和駅。

相模《さがみ》鉄道

相模鉄道の歴史は複雑である。1921（大正10）年に開業した相模鉄道と、1926（大正15）年に開業した神中《じんちゅう》鉄道があり、両者が合併。戦後、旧相模鉄道が国鉄相模線に、旧神中鉄道が相模鉄道になった。

現在の相模鉄道は本線・いずみ野線・厚木線（非営業）からなり、総延長は38・1キロに及ぶ。

新 6000 系電車
採用されなかったイエロー案。写真は 1970（昭和 45）年頃の海老名駅だが、当時の駅周辺は田んぼと空き地だらけだった。

7000 系電車
日立製作所笠戸事業所（山口県下松市）で新造された7000 系を、ED10 形電気機関車が東海道本線保土ヶ谷駅経由で回送しているところ。現在は JR 相模線厚木駅から搬入されている。

江ノ島鎌倉観光（現江ノ島電鉄）

1902（明治35）年開業。横須賀線の鎌倉と東海道本線の藤沢間10キロを結ぶ。

沿線は古くからの住宅地で、用地買収の都合により、民家の玄関が線路に向いているところもある。また、江ノ島・腰越《こしごえ》間は道路上を走る。

古都鎌倉と湘南江ノ島には、年間を通じてたくさんの観光客が訪れる。そのため昔から利用客は多かった。

300 形電車（右）
1957（昭和 32）年に旧車両の廃車部品を流用して作られた。当初の集電器はトロリーポールだったが、写真のようなZパンタグラフに。さらに晩年は菱形パンタグラフになった。なお、303 形の先頭部は江ノ島駅の待合室に保存されている

旧 500 形電車（下）
観光地にふさわしくヨーロッパの市電をイメージしたデザインで、1956（昭和 31）年に製造された。

モハ100形電車
元南武鉄道。買収した国鉄から譲渡された。

総武流山《ながれやま》電鉄(現流鉄流山線)

1916(大正5)年開業。常磐線の馬橋《まばし》・流山間5・7キロを結ぶ。当初は沿線の醸造所から醤油や酒類を輸送していたが、それらがトラック輸送に転換すると、旅客収入が中心となった。

国鉄や西武鉄道などからやってきた車両が活躍しており、現在は西武鉄道からの譲渡車に統一されている。2008(平成20)年には、路線名を流鉄流山線に変更した。

モハ 1000 形電車
西武鉄道の前身である武蔵野鉄道の車両。西武所沢工場で改修後に譲渡された。

馬橋駅の総武流山電鉄乗り場。

銚子電鉄

1913（大正2）年開業。総武本線の銚子駅と犬吠埼《いぬぼうさき》先端に位置する外川《とかわ》駅間の6・4キロを結ぶ。

　現在は京王電鉄からの譲渡車が使われているが、かつては近江鉄道・伊予《いよ》鉄道・上田丸子電鉄といった各地の地方鉄道や営団地下鉄（東京メトロ）からの譲渡車が集結していた。

　たび重なる経営危機を、「濡《ぬ》れ煎《せん》餅《べい》」や「まずい棒」などのお菓子販売で乗り切った。

デキ 3 形電気機関車（上右）
1922 年にドイツで製造された。現存する狭軌の電気機関車としては最小とされる。1941（昭和 16）年から同社でヤマサ醤油工場の資材輸送等に使われた。

800 形電車（上左）
伊予鉄道から 1985（昭和 61）年に譲渡された。

420系電車
近鉄名古屋線の特急用として使われていた。

大井川鐵道

ＪＲ東海道本線の金谷・千《せん》頭《ず》間39・5キロを結ぶ大井川本線と、千頭・井川間25・5キロを結ぶ井川線からなる。

大井川本線は１９７６（昭和51）年から蒸気機関車の動態保存を開始し、ＳＬ列車を集客の目玉にしている。井川線はレール幅こそ大井川本線と同じだが、車体が小さく軽便鉄道のように見える。

1形蒸気機関車
大井川本線のSL列車が有名だが、かつては遊覧用の目的で小型の蒸気機関車を購入していた。

DD20形ディーゼル機関車
井川線ではトロッコ列車が大井川上流部・奥大井の渓谷をゆっくりと走る。

5000系電車
岳南鉄道にはさまざまな出自の車両が在籍していたが、整理するために東急電鉄の5000系が導入された。しかし、のちに京王電鉄から井の頭線で使っていた3000系（冷房車）が導入されると、5000系は廃車となった。

岳南《がくなん》鉄道（現岳南電車岳南線）

1949（昭和24）年開業。東海道本線吉原と岳南江尾《えのお》の9・2キロを結ぶ。国鉄が旧市街地を通らなかったためにつくられた。

沿線に製紙工場が多かったことから貨物輸送が盛んだったが、トラック輸送に転換したため2012（平成24）年に貨物列車が廃止された。

モハ 5250 形電車
1928（昭和３）年に自社発注された。戸袋窓が楕円形になっていることから、「丸窓電車」の愛称で親しまれた。

上田交通（現上田電鉄別所線）

別所温泉などに湯《とう》治《じ》客《きゃく》を運ぶため、1921（大正10）年に開業した上田丸子電鉄を前身とする。現在は北陸新幹線上田駅と別所温泉駅間11・6キロを運行している。

別所温泉周辺は「信州の鎌倉」といわれ、観光客の人気が高いが、近年は宿泊客と定期券利用者の減少が営業収入に響いている。

そこで東急電鉄の支援による経営再建が進められており、5000系（初代）・7200系・1000系が譲渡された。

14760 形電車

特急から普通まで幅広く運用されている自社発注の車両。2扉・クロスシートとなっている。

富山地方鉄道

北陸本線に近接する電鉄富山・宇《う》奈《な》月《づき》温泉間53・3キロを結ぶ本線、寺田・立山間24・2キロを結ぶ立山線、稲荷町・南富山間3・3キロを結ぶ不《ふ》二《じ》越《こし》線、南富山・岩《いわ》峅《くら》寺《じ》間12・4キロを結ぶ上滝線からなる。また、延長7・5キロの富山市内軌《き》道《どう》線（路面電車）もある。

かつては大阪から北陸本線を経由してくる国鉄の急行「立山」が宇奈月温泉まで、神宮前から名鉄犬山線・高山本線を経由してくる名鉄の特急「北アルプス」が立山まで乗り入れていた。

10030形電車
旧京阪3000系で、ダブルデッカー車を連結した第2編成は塗装やマークもそのまま使用している。

5010形電車
射水線は1980（昭和55）年に廃止されたが、加越能鉄道に譲渡された区間は万葉線新湊港線として残っている。車庫で憩うデ5010形。

3000系電車
南海電気鉄道から譲渡を受け、1996（平成8）年から使用されていた。

一畑《いちばた》電鉄（現一畑電車）

島根県出雲《いずも》市の電鉄出雲市・松江しんじ湖温泉（北松江）間33・9キロを結ぶ北松江線と川跡《かわと》・出雲大社前間8・3キロを結ぶ大社線からなる。出雲大社への参拝客のためにつくられた。

北松江線は1914（大正3）年、大社線は1930（昭和5）年に開業し、のどかな田舎の風景の中を走り続けている。

デハ３形

1927(昭和 2)年に自社発注された新造車のひとつ。1998(平成 10) 年まで活躍した。

島原鉄道

1911(明治44)年開業。長崎本線の諫早《いさはや》から加津佐《かづさ》までの78・5キロを結んだ。しかし、1991(平成3)年に島原外港・加津佐間が雲《うん》仙《ぜん》普《ふ》賢岳《げんだけ》の噴火による火砕流被害に遭い、長期運休。のちに部分復旧するも、2006(平成20)年に廃止された。

1958(昭和33)年から1980(昭和55)年までは、国鉄との直通運転を行っていた。

キハ 2000 形気動車（上右）
キハ 20 形と同じ仕様の気動車を、自社発注または国鉄から譲り受けて運行した。国鉄長崎本線に乗り入れたこともあった。

キハ 4500 形気動車（上左）
南島原駅構内で物置に使われていた旧キハ 4500 形の車体。1953（昭和 28）年製で、当時流行した湘南顔である。

特集 1 人気だった北海道の鉄道旅行

北海道は昔から遠くて神秘的な場所。1965（昭和 40）年に歌謡曲「しれとこ旅情」がヒットし、1970（昭和 45）年に「知床旅情」が、1974（昭和 49）年に「襟裳岬」がヒットすると、否が応でも北海道旅行の人気が高まった。最後の蒸気機関車の活躍が見られたのも北海道だった。

当時、夏になると東京や関西の若者がテント一式を背負って北海道中の駅前や広場で寝泊まりをしながら旅行するのが流行し、その姿がヤドカリのようなので「カニ族」と呼ばれた。国鉄の北海道ワイド周遊券があり、20 日間乗り放題だったため、目一杯滞在する人も少なくなかった。

ここでは、当時の北海道旅行を写真とともに振り返る。

上野発北海道連絡列車

15時30分発の特急「はつかり」は、0時13分に青森に着く。0時35分に出る青函連絡船1便は4時25分に函館に到着。そこから足早に4時45分発特急「おおぞら」に乗り換えると、8時57分に札幌、15時13分に釧路に着くことができた。今なら羽田空港から飛行機に乗れば1時間半余りで北海道各地に着いてしまうが、長時間列車に揺られることが楽しくもあった。

上野駅地上ホームの発車時刻を知らせる案内幕。

特急料金は高価なので少しでも安く乗ろうと、みな早い時間から自由席乗り場に並ぶ。

夜になると寝台特急「ゆうづる」がやってくる。19時50分発の「ゆうづる1号」は、青森到着が5時3分だった。

北海道連絡特急の“昼の雄”は、上野・青森間を結ぶ583系の「はつかり」。客車・気動車時代は常磐線経由だったが、電車化した後は東北本線経由となった。

東北新幹線が盛岡まで開業すると、「はつかり」は盛岡・青森間を走ることとなり、485系がメイン車両として使われた。さらに、1988（昭和63）年の津軽海峡線開業後は函館まで乗り入れた。

583 系は昼間は「はつかり」として働き、夜間になると本来の寝台特急として常磐線経由の「ゆうづる」に使われた。同じ「ゆうづる」でも、客車による寝台列車もあったが、電車のほうが青森までの所要時間が 1 時間以上短かった。

青函連絡船

青函連絡船は 1908（明治 41）年に開業し、青森・函館間 113 キロを 3 時間 50 分で結んだ。鉄道連絡船のため、運賃は前後の国鉄線のキロ数を通算して計算できた。また、本州と北海道の特急・急行列車をその日のうちに乗り継ぐ場合、北海道内の特急・急行料金が半額になる特例もあった。機能面では車両航送が特徴で、船内に敷かれた線路に貨車がそのまま乗り入れて本州・北海道間を運搬された。

青函連絡船「羊蹄丸」（上）。青森駅に近づくと、列車内で乗船カードが配られた。万が一、沈没してしまったときの安否確認用である。

青函連絡船「松前丸」（下）。グリーン船室、普通船室（座席とカーペット）のほかに寝台船室もあった。乗船時間は 3 時間 50 分と短かったが、夜行列車で寝不足の人には有難かった。食堂もあり、海峡ラーメンが人気だった。

函館港の送迎デッキ。

青函連絡船が函館港に着くと、乗客は函館本線のホームめがけて
猛ダッシュで駆ける。

北海道周遊

青函連絡船から函館本線に乗り換えると、五稜郭操車場を過ぎて七飯駅にさしかかったあたりで雄大な駒ヶ岳が車窓に迫り、大沼が美しい姿を見せる。「いかめし」で有名な森駅を過ぎ、噴火湾に沿って北上すると「かにめし」で有名な長万部駅に着く。ここから倶知安・小樽に向かう「山線」の函館本線か、東室蘭・苫小牧に向かう「海線」の室蘭本線に乗って札幌を目指す。

函館本線を行く普通列車。荷物車がメインで、乗客はおまけという感じだった。

もう少し昔の函館本線普通列車。蒸気機関車が牽引。行商人のお婆さんが目立つ。

途中駅で列車交換。タブレットという通行手形を交換して単線区間での衝突を避けていた。

室蘭本線白老付近で D51 が牽引する貨物列車。

室蘭本線・夕張線追分駅を出発する
岩見沢行普通列車。

室蘭本線・夕張線追分駅付近。

釧網本線で貨車と客車を連結する混合列車。

宗谷本線音威子府駅。

名寄本線紋別駅。

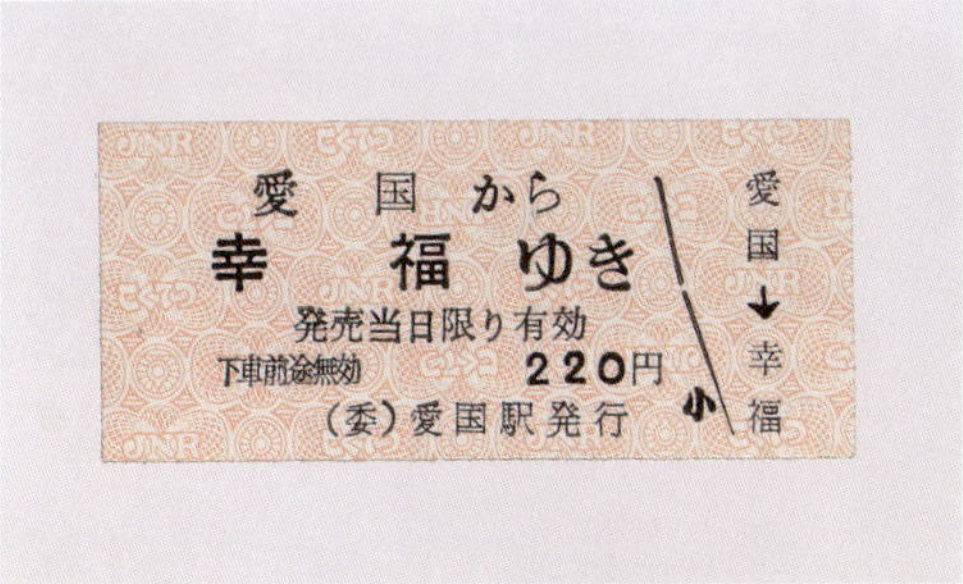

大ブームを巻き起こした国鉄広尾線
「愛国から幸福ゆき」の乗車券。

失われた鉄道の痕跡をたどる

第2章　時刻表から消えた路線

北海道の廃線

国鉄／ＪＲ幌内《ほろない》線

　１８８８（明治21）年に官営幌内鉄道として開業し、幌内炭鉱から小樽港を通じて殖産興業のエネルギーとなる石炭を本州へ輸送した。しかし１９７０年代以降、沿線の炭鉱が次々と閉山していき、１９８７（昭和62）年には幌内線も廃止されてしまった。

　現在、幌内駅（貨物）跡地は三笠《みかさ》鉄道記念館となり、北海道に所縁《しょえん》のある国鉄車両が静態保存されている。また、三笠駅跡地はクロフォード公園となり、ホームや跨線橋《こせんきょう》などが保存され園内にトロッコ列車が運転されている。

　幾春別《いくしゅんべつ》駅や唐松《とうまつ》駅などにも往時の面影が残る。

幾春別駅（上右）
1888(明治 21)年開業。幌内線の終着駅であった。1981(昭和 56）年に貨物輸送廃止、1987（昭和 62）年には幌内線が廃止されたことにより廃駅となった。駅跡地には記念碑が建てられている。

唐松駅（上左）
1929（昭和 4）年開業。唐松炭鉱・新三笠炭鉱の積出駅だった。牧場のようなギャンブレル屋根が特徴で、現在は地元の有志により整備されている。

歌志内駅
歌志内線開業と同時に開業した。ホームは１面だが側線が複数あり、空知炭鉱に専用線が伸びていた。旅客列車は気動車で、１日８往復していた。

国鉄／ＪＲ歌志内《うたしない》線

北海道炭礦《たんこう》鉄道が空知《そらち》炭鉱で採掘される石炭輸送のため、１８９１（明治24）年に現在の函館本線の砂川・歌志内間14・５キロを開業した。

炭鉱を抱えるほかの国鉄線と同じく、１９６０年代までは黒字路線だったが、１９７０年代に入ると炭鉱の縮小・閉山で業績が悪化、１９８８（昭和63）年に廃止になった。

現在は線路の一部が自転車道として整備されている。

万字炭山駅

万字線開業とともに開業。駅舎とホームがなぜか離れた位置にあった。ホームはもともと島式だったが、晩年は片面しか使用していなかった。列車はすべて岩見沢・万字炭山間で運転され、気動車により1日5往復していた。

国鉄万字《まんじ》線

万字線は室蘭《むろらん》本線の志文《しぶん》・万字炭山間23・8キロを結ぶ路線で、１９１４（大正３）年に開業した。

　中間に位置する美流渡《みると》駅からは北《ほく》星《せい》炭礦美流渡礦専用鉄道が分岐しており、美流渡炭山まで結んでいた。

　沿線の炭鉱が縮小・閉山されると利用客も減少し、１９８５（昭和60）年に廃止されている。

興部《おこっぺ》駅
1921（大正 10）年開業。興浜南線の乗換駅で、急行「紋別」が停車した。駅弁販売もあった。

国鉄／ＪＲ名寄《なよろ》本線

宗谷《そうや》本線名寄・石北《せきほく》本線遠軽《えんがる》間１３８・１キロと、中湧別《なかゆうべつ》・湧別《ゆうべつ》間４・９キロの支線でなっていた。支線が１９１６（大正５）年、本線が１９２１（大正10）年に全線開業している。

本来は道央とオホーツク海側を結ぶ動脈になるはずだったが、のちに旭川・網走間をショートカットする石北本線が開業したため、存在意義が薄れてしまった。そして国鉄再建法以来の赤字路線廃止の波は「本線」といえども容赦なく迫り、１９８９（平成元）年に全線廃止された。

瀬棚駅

片面１面のホームを有していたが、貨物列車用に複数の側線があった。列車は長万部から急行「せたな」になるものを除いてすべて長万部発着。上り長万部行きが５本、下り瀬棚行きが６本あった。そのほか今金・瀬棚間の列車もあった。

国鉄瀬棚《せたな》線

道南の渡島《おしま》半島を横切り太平洋側に位置する函館本線国縫《くんぬい》と日本海側の瀬棚間48・４キロを結ぶ路線で、１９３２（昭和７）年に全線開業した。奥尻《おくしり》島への定期航路が開設されていた瀬棚は漁業の町。１９６０年代には函館から瀬棚まで急行「せたな」が直通運転されていたが、１９８０年代に快速列車に格下げとなる。

そして１９８７（昭和62）年3月には、路線自体が国鉄民営化を待たずに廃止されている。

渡島知内駅《おしましりうち》

1937（昭和 12）年の旧福山線設立時に開業した。ホームは島式だが、晩年は片面しか使用されなかった。列車は下りが 7 本、上りが 8 本あり、一部を除いて江差線を通って函館に発着していた。

国鉄／JR松前《まつまえ》線

江差《えさし》線の木古内《きこない》と松前間の50・8キロを結ぶ路線。1942（昭和17）年に渡島吉岡まで開業し、1953（昭和28）年に松前まで全線開業した。

戦時中は軍事物資として松前の鉱山で採れるマンガンの輸送を急務としていたが、戦争が終わると必要性が薄れてきた。さらに並走する国道が整備されたことから旅客・貨物とも利用が減り、1988（昭和63）年に廃止された。

奥行臼駅
1933（昭和8）年開業。かつては別海村営軌道の乗換駅だった。1989（平成元）年、標津線廃止に伴い廃駅。のちに駅舎とホームなどが別海町有形文化財に指定された。

国鉄／JR標津《しべつ》線

釧網《せんもう》本線の標茶《しべちゃ》・根室《ねむろ》標津《しべつ》間69・4キロと、途中駅の中標津・根室本線厚床《あっとこ》間47・5キロからなり、1937（昭和12）年に全線開業した。

当初は原野を開拓し森林資源を輸送する殖民鉄道だったが、根室標津港から釧路港へ鮮魚を輸送したり、海軍の中標津飛行場へ物資を輸送するなど、時代に翻弄《ほんろう》されつつ役割を変えていった。1962（昭和37）年からは準急「らうす」が運転され、急行化を経て1986（昭和61）年まで続いた。そして民営化後の1989（平成元）年に全線廃止された。

忠類《ちゅうるい》駅
1930（昭和 5）年開業。1987（昭和 62）年の広尾線廃止に伴い廃駅となると、駅舎は忠類鉄道資料館となった。近くにナウマン象記念館がある。

国鉄広尾線

十勝地方の中心である帯広から港のある広尾間の南北84キロを結び、1932（昭和7）年に全線開業。広尾から襟裳岬を経て日高本線と直通する構想に基づく路線だった。

1970年代には中間駅の「愛国から幸福」の乗車券がブームになり、大勢の観光客が訪れたが、1987（昭和62）年に全線が廃止されてしまう。沿線ではジャガイモ栽培が盛んで、広大な農地が広がっている。

北見滝ノ上駅
1923（大正 12）年開業。周辺の原木を積み出すために貨物用の側線が設けられていた。1985（昭和 60）年渚滑線廃止により廃駅。駅跡は北見滝ノ上駅舎記念館になっている。

国鉄渚滑《しょこつ》線

名寄本線のオホーツク海側にある渚滑と北見滝ノ上《きたみたきのうえ》間の34・３キロを結び、１９２３（大正12）年に全線開業した。北見滝ノ上から石北本線の上川まで延伸する計画があったが、石北本線が遠軽まで延伸すると延長する意義がなくなり計画は頓挫《とんざ》した。

もともと沿線人口は少なかったため、貨物輸送が廃止されると赤字路線となり、１９８５（昭和60）年に全線廃止された。

東北地方の廃線

南部縦貫鉄道

1962（昭和37）年に千曳《ちびき》・七《しち》戸《のへ》間が開業した。しかし、あてにしていた砂鉄の輸送が頓挫してしまい、4年後に会社更生法適用を申請する。

その後、国鉄から東北本線旧線を借用して野辺地《のへち》駅まで延び、延長20・9キロとなったが、民営化後は国鉄清算事業団から買い取りを要求され、自治体に肩代わりしてもらうはめに。そして1997（平成9）年に営業休止となり、5年後には廃止された。

野辺地駅（上右）
国鉄／ JR の駅から少し離れたところに位置しており、駅の背後には日本最古の鉄道防雪林があった。

キハ 101・102 形（上左）
開業当時から活躍していたレールバス。一般の鉄道車両より車体が小さく、簡易に作られている。

同和鉱業（小坂精練）小坂《こさか》線

１９０９（明治42）年に開業。奥羽本線大館《おおだて》から小坂までの22・３キロを結んだ。

主に小坂鉱山の鉱石を運び、閉山後には小坂精練の濃硫酸を輸送したが、１９９４（平成６）年に旅客輸送を廃止した。

そして貨物のトラック転換により、２００９（平成21）年に全線廃止となった。

大館駅（上右）
国鉄駅から離れたところにあった。構内には貨物列車用の側線が設けられており、一部は国鉄と繋がっていた。写真のキハ2100形気動車は1962（昭和37）年製で、旅客営業が廃止されるまで活躍した。

旧小坂駅（上左）
1909（明治42）年開業。廃駅後、跡地は「小坂鉄道レールパーク」になり、駅舎は登録有形文化財に指定された。

国鉄日中《にっちゅう》線

１９３８（昭和13）年に開業。日光（栃木県）から会津若松（福島県）を経て米沢（山形県）に至る壮大な鉄道計画に基づいてつくられた。

しかし延伸することはなく、喜《き》多《た》方《かた》・熱塩《あつしお》間11・６キロの短い路線にとどまり、１９８４（昭和59）年に廃止された。

なお、線名は熱塩駅周辺にある日中温泉に由来する。

喜多方駅（上右）
停車中の始発列車。1958（昭和 33）年以降、旅客列車は朝夕３往復しかなかったため、「日中線なのに“日中”に走らないのはこれいかに」といわれていた。

旧熱塩駅舎（上左）
1984（昭和 59）年同線の廃止に伴い廃駅。のちに日中線記念館となり、近代化産業遺産に認定された。

関東・甲信越地方の廃線

鹿島鉄道（旧関東鉄道鉾田線）

1924（大正13）年に鹿島参宮《かしまさんぐう》鉄道として開業し、のちに常磐線石《いし》岡《おか》・鉾田《ほこた》間27・2キロが完成した。

鹿島神宮への参拝客を見込んでいたが、もともと路線から近くなく、乗客が増加しなかった。一時、自衛隊百里《ひゃくり》基地へのジェット燃料輸送で糊口《ここう》をしのいだものの、施設の老朽化等で中断されると財源がなくなり、2007（平成19）年に廃止されてしまった。

キハ 714 形気動車（上右）
廃止された夕張鉄道から譲渡されたもの。晩年に冷房化されたが、半自動ドアだったため乗客が自らドアを開けなければならなかった。

キハ 430 形気動車（上左）
廃止された加越能鉄道の気動車で、東武鉄道熊谷線のキハ 2000 形とほぼ同じである。冷房装置がなく、夏場は休んでいることが多かった。

石岡機関区
石岡駅にある機関区の 1970 年代の様子。上野から急行で 1 時間ほどの地に、昭和の地方私鉄の原風景があった。

石岡機関区
手前の車両は国鉄キハ 07 形流線形気動車の先頭分を切り詰めたもの。

西寒川駅
ホームに屋根だけの改札口が設けられている。

国鉄相模線寒川《さむかわ》支線

国鉄相模線には、かつて寒川・西寒川間1・5キロに支線があった。相模鉄道時代の1923（大正11）年、相模川の砂利《じゃり》を運ぶためにつくられた支線だが、戦時中に軍需工場が作られると国有化され、工員と物資を運ぶことが主になった。

戦後、支線は休止期間を経て旅客路線になるも朝夕だけの運転に限られ、1984（昭和59）年に廃止された。

列車はすべて茅ヶ崎・西寒川間で運転されキハ10系気動車が使われた。

西寒川駅
ここから相模川に向かって延伸した区間には四之宮駅があった。

クハ45形ほか
各社から譲渡された電車を組み合わせて再生した車両が多かった。写真は白山前駅から道路上を走るところ。

新潟交通

１９３３（昭和８）年開業。信濃川支流の中ノ口川の水運に代わる輸送手段として敷設された鉄道が前身で、白山《はくさん》前・燕《つばめ》間36・１キロを結んでいた。

白山前・東関屋《ひがしせきや》間は路面電車同様に道路を走る軌道《きどう》だったが、交通渋滞の原因になるという理由で、まず軌道線が廃止され、１９９９（平成11）年にはついに全線廃止となってしまった。

モハ 20 形電車
旧型電車のシャーシに新型車体を載せた日本車両標準タイプのモハ 20 形同士が、白根駅で交換している。

東関屋駅
信濃川にほど近いこの駅には、車両基地が置かれていた。

旧月潟駅
1999（平成 11）年に新潟交通電車線が廃止された後は、旧月潟駅周辺公園として整備され、駅舎と車両が展示された。

モハ31形電車
廃止直前まで活躍した。右奥は磐越西線普通列車。

蒲原《かんばら》鉄道

1923（大正12）年に開業。国鉄信越本線加茂《かも》と磐越西《ばんえつさい》線五泉《ごせん》間21・9キロを結んだ。

中間駅の村松は江戸時代からの城下町で、新潟県蒲原地方では当時もっとも発展していた。しかし、国鉄路線から外れていたため、地元有志の出資で国鉄駅をつなぐ鉄道を建設した。

廃止は1999（平成11）年。戦後のマイカー普及により、利用者が減少したことが理由だった。

モハ 71 形電車
元西武鉄道の車両で、主力車両のひとつとして活躍した。

ED1 形電気機関車
開業まもない頃に購入された電気機関車が貨物列車を牽引する。

北陸・東海地方の廃線

国鉄／ＪＲ富山港線

　富山港の荷役と工場の物資輸送のため、１９２４（大正13）年に富岩《ふがん》鉄道として開業し、その3年後に富山・岩瀬浜間８・２キロが全通。１９４３（昭和18）年には国有化されて、国鉄富山港線になった。

　２００６（平成18）年に富山ライトレール富山港線に変わり、ＬＲＴ（低床路面電車）化したが、２０２０（令和2）年2月に富山地方鉄道と合併することになっている。

73系電車（上右）
岩瀬浜駅に憩う73系。北陸本線が交流電化される前、富山港線は北陸地区唯一の国鉄直流路線だった。

富山港駅（上左）
1936（昭和11）年に富岩鉄道の岩瀬埠頭駅（貨物駅）として開業、国有化の際に富山港駅と改称した。1986（昭和61）年に同線の貨物輸送が廃止され、廃駅となる。

キハ１形気動車
最後の尾小屋鉄道。1937年製のガソリンカーだったが、のちにディーゼルエンジンに交換された。

尾《お》小《ご》屋《や》鉄道

1919（大正8）年に開業。北陸本線小松駅に近接する新小松と尾小屋の16・8キロを結ぶ軽便鉄道である。

江戸時代に金山・銅山として開発された尾小屋鉱山の砕石を輸送するためにつくられた。

最後まで残った数少ない非電化軽便鉄道ということで話題になったが、1977（昭和52）年に廃止されている。

新小松駅
民家のような雰囲気の木造駅舎である。北陸本線小松駅に近接していた。

ホハフ７形客車
1925年製のサニ403形を三重交通から譲り受けた。

北陸鉄道金名《きんめい》線

1926（大正15）年に金名鉄道として開業。白山下・加賀《かが》一の宮間16・8キロを結んだ。当初は金沢・名古屋間を結ぶ壮大な計画があったが、支援者がなく断念、戦時統合で北陸鉄道に吸収された。

　利用客減少に伴い、1970（昭和45）年に昼間の運転を休止し、1984（昭和59）年には営業を休止した。そして〝さよなら運転〟も行われることなく、1987（昭和62）年に廃止された。

3761 形電車（上右）
1951（昭和 26）年製の車両。上窓ガラスが H ゴムで固定されている「バス窓」を側面窓に採用していた。

3761 形電車（車体更新後）（上左）
窓ガラスがアルミサッシ化され、シル・ヘッダー（窓まわりの補強材）もなくなってスッキリしたが、冷房車の導入により2006（平成 18）年に廃車となった。

京福電気鉄道永平寺《えいへいじ》線

永平寺鉄道は、1925（大正14）年に永平寺（のちに東古市《ひがしふるいち》↓永平寺口）・永平寺門前（のちに永平寺）間5・8キロが開業。曹洞《そうとう》宗《しゅう》の大本山である永平寺への参詣客を輸送するためにつくられた。

のちに京福電気鉄道と合併するも、平成に入って同社本線で列車同士の衝突事故が相次ぎ、当局の指示で全線運休をしいられる。そして2002（平成14）年に永平寺線は廃止されてしまった。

モハ252形電車（上右）
旧型車の動力に既製品の新しい車体を乗せた「日本車両標準タイプ」は、地方鉄道の体質改善に貢献した。

永平寺駅（上左）
大本山・永平寺の最寄り駅にふさわしく、寺院風の立派な屋根の玄関が設けられている。「中部の駅百選」にも選ばれた。

北《きた》恵《え》那《な》鉄道

１９２４（大正13）年に開業。中央本線中津川駅に近接した中津町と下付知《しもつけち》間22・１キロを結んだ。下付知から先では森林鉄道が走っていた。

　昔、この地域では木曽川を使って木材を運んでいた。しかし、ダム建設に伴い河川水運が不可能になるということで、この路線が設立された。１９６０年代には名古屋鉄道が資本参加したが、沿線には目立った名所旧跡がなく、林業の縮小と乗客の減少により、１９７８（昭和53）年に廃止された。

中津町駅（上右）
北恵那鉄道の起点駅で、本社や車両工場などがあった。国鉄中津川駅とは約 300 メートル離れていたが、貨物用の引込線があって繋がっていた。

木曽川橋梁（上左）
木曽川にかかる鉄道橋。北恵那鉄道の廃止後も取り壊されることなく残っている。

近畿・中国四国地方の廃線

加《か》悦《や》鉄道

１９２６（大正15）年開業。国鉄宮《みや》津《づ》線の丹《たん》後《ご》山《やま》田《だ》・加悦間５・７キロを結んだ。

　特産品の丹後ちりめんを運ぶ目的でつくられ、のちに加悦駅の先に大江山ニッケル鉱山ができると貨物量も増えた。

　しかし、国鉄が貨物輸送を廃止すると旅客収入だけでは見通しが立たなくなり、１９８５（昭和60）年に廃止された。

キハ 40900 形気動車（上右）
芸備鉄道・鉄道省（国鉄）・船木鉄道と渡り歩いた。

旧加悦駅（上左）
現在は加悦 SL 広場として整備され、駅舎は加悦鉄道資料館になっている。

120 形蒸気機関車
関西地区の官営鉄道用としてイギリスから輸入された。1970（昭和 45）年には社宝に指定され、動態保存されている。

キハ 08 形気動車
客車を改造してつくられた。鈍重な印象だがディーゼルカーである。

保津峡駅
保津川（桂川）のギリギリにホームが設置されており、観光客や鉄道ファンの間で人気があった。山陰本線の複線電化で嵯峨・馬堀間が新線に切り替わったため、1989（平成元）年に廃駅となっている。

国鉄／JR山陰本線（旧線）

東海道本線の京都から山陽本線の幡生《はたぶ》までの673・8キロを結び、1933（昭和8）年に全線開通した。

長らく国鉄最長の非電化本線だったが、1982（昭和57）年に伯備《はくび》線倉敷《くらしき》・伯耆大山《ほうきだいせん》間が電化され、関西からの列車体系が変わった。

1990（平成2）年には京都・園部間が遅まきながら電化され、大いなるローカル線だった山陰本線は変貌を遂げている。

日方駅
たび重なる経営危機を乗り越え、大手私鉄の傘下に入らず、最後まで独立経営を貫いた。阪神や阪急からの譲渡車が活躍した。

野上電気鉄道

１９１６（大正５）年開業。紀勢《きせい》本線の日方《ひかた》と登山口間11・４キロを結んだ。特産のたわしや縄を輸送する目的でつくられた。

１９７１（昭和46）年にはすでに貨物輸送が廃止され、国や自治体からの補助金で凌いできたが、１９９４（平成６）年に全線廃止となり、会社も解散した。

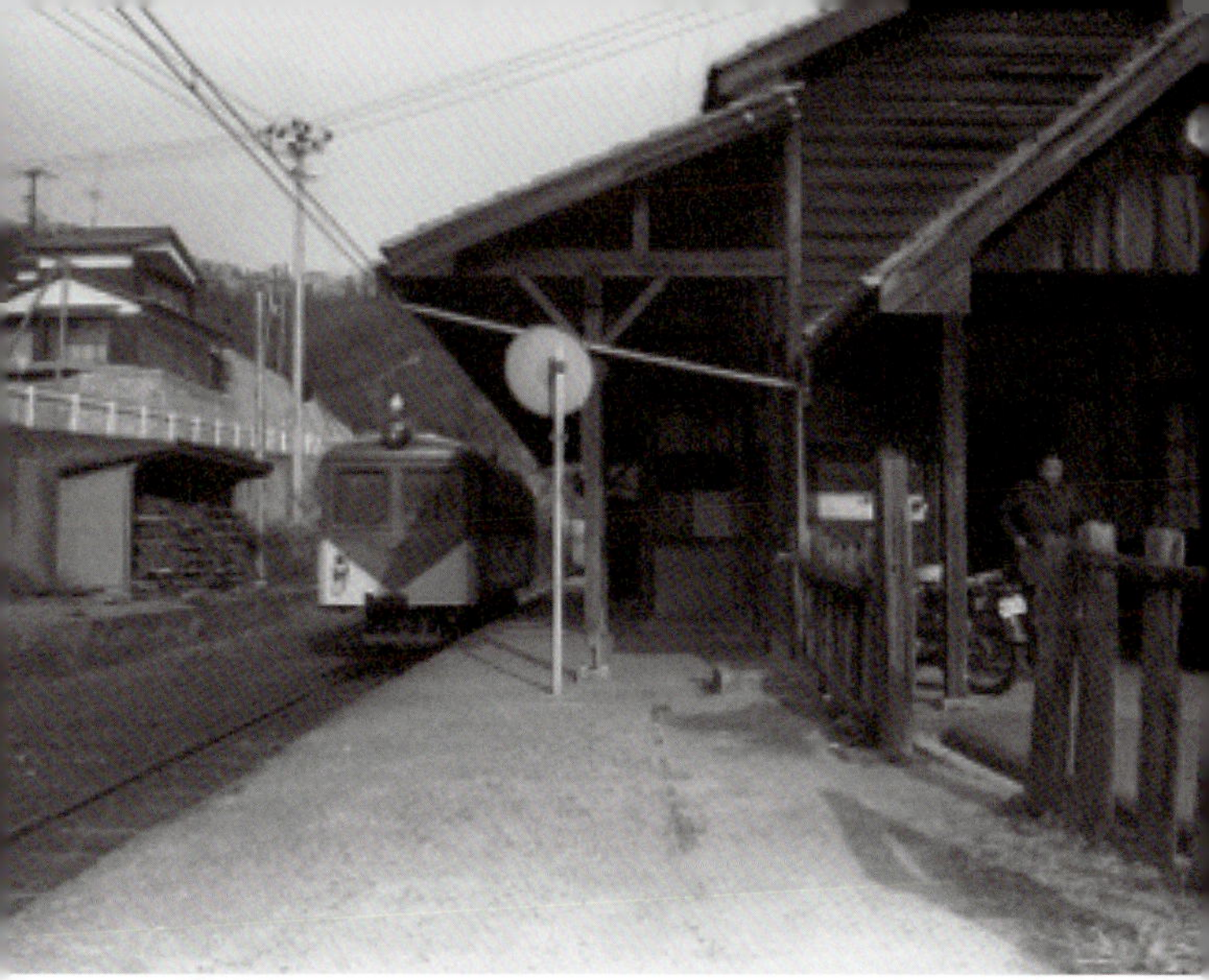

東下津井駅
1949（昭和 24）年に電化、1951（昭和 26）年から新型車両を導入した。軽便鉄道のため標準サイズの大手私鉄の車両が譲渡されることはなかった。

下津井《しもつい》電鉄

1913（大正2）年開業。瀬戸内海に面した港町の下津井と国鉄宇野線茶屋町《ちゃやまち》間21・0キロを結ぶ、電化された軽便鉄道である。

下津井港・丸亀港間はかつて本州と四国を結ぶ主要ルートとして用いられていたが、瀬戸大橋開業で人や物の流れが変わってしまい、1990（平成2）年大晦日で廃止となった。

別府鉄道

１９２１（大正10）年開業。別府港から国鉄高砂《たかさご》線野口間４・３キロの野口線と、別府港から山陽本線土《つち》山《やま》間４・１キロの土山線があった。

創業者が経営する化学肥料製品の貨物輸送がメインだったが、国鉄が貨物の取扱いを止めたため１９８４（昭和59）年に鉄道事業から撤退することになった。

ハフ７形客車（上右）
神中鉄道開業時に作られた土山線の車両。廃止後は故郷の相模鉄道が引き取り、現在も静態保存している。

別府港駅（上左）
別府鉄道の起点駅で、親会社の多木製肥所（多木化学）の本社工場があった。現在、駅跡のほとんどは道路などになっている。

九州地方の廃線

キハ 100 形気動車
左は国鉄キハ 42600（キハ 07）形に準じた鹿児島交通の自社発注車。右は鹿児島本線普通列車。

鹿児島交通

１９１４（大正３）年南薩《なんさつ》鉄道として開業。鹿児島本線の伊集院《いじゅういん》と国鉄指宿《いぶすき》枕崎《まくらざき》線の枕崎間49・６キロを結んだ。

１９６０年代から経営が悪化し、鹿児島交通として再建をはかるも、１９８３（昭和58）年の集中豪雨で甚大な被害を受けたため全線復旧を断念。その１年後に廃止となった。

キハ 100 形の運転室
乗務員室が半室になっているため、車体は前に突き出た流線形をしている。

キハ 100 形の車内
乗車している子供たちの高揚感が伝わってくる。

宮之城駅
相対式ホームのある有人駅で、跡地には宮之城駅鉄道記念館が建つ。宮之城町は古くから竹の産地で、「かぐや姫の里」と呼ばれている。

国鉄／ＪＲ宮之城《みやのじょう》線

１９２４（大正13）年に開業し、１９３７（昭和12）年に全線開業した。鹿児島本線川内《せんだい》と山野線薩摩大《さつまおお》口《くち》間66・１キロを結んだ。薩摩大口駅から山野線に乗り入れる定期列車はなかった。

１９７０年代のＳＬブームの際には客車と貨車が連結された混合列車が走る路線として話題になった。

宮之城温泉があるが、旅客収入の足しにはならず、１９８７（昭和62）年に廃止された。

薩摩布計駅
跡地には記念碑が立っている。

国鉄／JR山野線

1936（昭和10）年に開業。鹿児島本線水俣《みなまた》と肥薩《ひさつ》線栗野《くりの》間の55・7キロを結び、薩摩布計《さつまふけ》駅と久木野《くぎの》駅間にはループ線（大川ループ）があった。肥薩線のループ線（大畑ループ）と違い直径約300メートルの小さなものだった。

もともと布計周辺には金山があって賑《にぎ》わっていたが、1988（昭和63）年に廃止された。

特集2 路面電車の思い出

1960年代頃までは7大都市はもちろんのこと、地方都市でも路面電車が走っていた。道路を使用するため用地の買収が要らず、比較的安価で建設できるので、都市交通としてはうってつけだった。運転士と車掌が「チン」と鳴るベルの回数で停車や通過などを連絡しあったので、「チンチン電車」とも呼ばれた。

私が小学校に上がる頃は、銀座4丁目交差点を都電が行き交っていたが、1960年代後半以降、多くの路線が廃止され、バスや地下鉄に置き換わってしまった。最近では"地球環境にやさしい"交通手段として路面電車が見直されてきているが、いつの日か、かつてのように路面電車が街中を行き交う日がくるのだろうか。

東京都交通局（都電）

都電は 1903（明治 36）年に新橋・品川間の馬車鉄道が電車に改めたのが始まりだ。1955 年には延べ 40 系統を数えた。しかし自家用車の急増に伴い次第に減少していき、1974（昭和 49）年までに現在の荒川線を残して廃止された。荒川線は、いまも早稲田～三ノ輪橋間を結んで走り続けている。

三ノ輪橋からは王子を経て赤羽に至る 27 系統と、浅草橋を経て都庁前（旧）に至る 31 系統が出ていた。

早稲田から大塚駅前を経て荒川車庫に至る 32 系統。これがのちに荒川線となった。

荒川線の専用軌道をゆく 7504 形。2001 年に廃車
となったものの、車体更新を免れ静態保存されている。

新生荒川線の誕生を記念した花電車。

新宿近くの専用軌道を行く13系統。

7501形。1986年に新型の車体を乗せ換え、2010年に廃車された。

専用軌道を行く12系統。1970（昭和45）年ごろは、都内にまだ古い木造住宅が密集していた。

6000形が憩う大久保車庫。都電の車庫の多くは似通った屋根の形状をしていた。

飛鳥山公園に静態保存されている6000形。子供が遊ぶために座席をモケット張りから木製に改造しているが、外観の保存状態は良好だ。

東京急行電鉄玉川線・下高井戸線・砧線(玉電)

前身の玉川電気鉄道は、玉川通り（現国道 246 号線）を使って多摩川の砂利を都心に運ぶため、1907（明治 40）年に開業した。その支線として、のちに下高井戸線（現世田谷線）が作られた。1969（昭和 44）年、国道 246 号線の上に首都高速が作られることになると地下化することになり、玉川線と砧線は廃止に。現在は旧下高井戸線（現世田谷線）のみが残る。

国道 246 号線をゆく玉電。

下高井戸線は三軒茶屋で玉川線と分岐した。

デハ200形は卵型車体の連接車。「ペコちゃん」や「芋虫」などの愛称がついていた。

デハ80形は玉川線廃止後も世田谷線で活躍した。江ノ島電鉄に譲渡されたものもある。

玉電の渋谷駅は現在の京王井の頭線のそばに設けられており、すぐ近くに営団地下鉄銀座線の折り返し線があった。

山手通りと交差する大橋交差点。現在は立体交差で頭上に首都高速渋谷線が通っている。

さよなら電車に集まるファン。

仙台市交通局（仙台市電）

1926（大正 15）年に開業し全盛期には循環線・長町線・芭蕉の辻線・北仙台線・八幡町線・原町線があった。1976（昭和 51）年までに全線廃止された。

仙台駅前の次の中央三丁目停留所付近で循環線と長町線が合流した。

モハ 100 形は廃止後、一部の車両は長崎電気軌道に譲渡された。

廃止を記念する花電車。

復元され仙台市電保存館で展示中の１号電車。

横浜市交通局（横浜市電）

1904（明治 37）年に横浜電気鉄道が開業したのちに、横浜市が買収した。運転日指定の路線も含めて、のべ 20 路線 26 系統があったが、1972（昭和 47）年に廃止された。

2 系統は生麦から横浜駅前・馬車道を経て本牧一丁目に至る。

3 系統は生麦から横浜駅前・日の出町一丁目を経て山元町に至る。

京都市交通局（京都市電）

1895（明治 28）年に京都電気鉄道が日本初の営業用電気鉄道として開業した。のちに京都市に買収された。開業以来のべ 27 系統が運行し、1978（昭和 53）年に全線廃止された。

4 号系統。京都駅前から烏丸車庫前・七条大宮を経て京都駅前に至る。

6 号系統は京都駅前から祇園・烏丸車庫前を経て京都駅前に至る。

京阪電気鉄道とは全盛期に４か所で平面交差した。

1800 形は 800 形をワンマンカーに改造した車両で、廃止時まで活躍した。

西日本鉄道福岡市内線

　市電の多くは地方自治体の交通局だが、福岡市は西日本鉄道が運行していた。ピーク時には７路線（貫線・循環線・城南線・呉服町線・貝塚線・吉塚線・築港線）あったが、1979（昭和54）年に全廃された。

主力だった500形は戦時下の1944（昭和19）年から製造されたが、部品が揃わず、実際に使用されるまで2年を要した。

500形の561番以降は1948（昭和23）年から製造され台車が改良された。写真の601番も連番なので500形の仲間。

今なお息づく過ぎし日の面影

第3章 昭和の駅舎の風景

首都圏のターミナル駅

国鉄／JR上野駅

首都圏の国鉄／ＪＲには、３つの始発駅がある。一つ目は上野駅で、１８８３（明治16）年に開業し、現在は東北本線・高崎線・常磐線の始発駅となっている。二つ目は１８８５（明治18）年に開業した中央本線の新宿駅、三つ目は少し遅れて１９１５（大正３）年に開業した東京駅である。

また、首都圏には幹線の中間駅として大規模なターミナル駅があり、国鉄／ＪＲや私鉄が乗り入れている。それらの多くは駅周辺の再開発により時代とともに大きく変貌を遂げた。

（上右）
現在のJR上野駅。国鉄時代、上信越・東北・北海道への玄関口だったのが上野駅である。当時はまだ飛行機が高根の花で、新幹線も高速道路もなかったから、国鉄の在来線が最も効率的な移動手段だった。鉄道ファンが上野駅を訪れると、１日中さまざまな列車を飽きもせずに眺めることができた。その頃の駅舎の建物や駅前風景は、現在とそう変わらない。

（上左）
中央コンコースの壁画は猪熊弦一郎作の「自由」。この絵を見て、これから始まる旅に胸をときめかせた人も多いだろう。

発車案内札が手作業で掲示された改札口。自分の乗る列車の札が下げられるのを待って入場する。

長距離ホームでは特急券・急行券のチェックがある。キセルをしないように、ホーム上で抜き打ちの検札が行われた。

吹雪の中を駆け抜けてきた特急「あけぼの」。朝は夜行列車の到着で始まる。

（上下）昼間は仙台・山形・新潟・長野・平（現在のいわき）
方面の特急が発着する。

昼下がり長距離鈍行列車に出くわすことも。（上）写真の手前のEF57 形は東北本線。（下）EF80 形は常磐線で、どちらかと言えば乗客より荷物輸送が主目的だった。

（上）夜行列車のゴールデンタイム。駅前に自由席に並ぶためのテント村が設置されたこともあった。

（下）特急「ゆうづる」は終着の青森駅で青函連絡船に接続していたため、東北よりも北海道を強く感じさせた。

スキー列車は大賑わい。週休２日制が定着する前は、夜行日帰りで遠くの海山へ行くのが当たり前だった。

国鉄／JR大宮駅

大宮駅は上野・熊谷間を結ぶ日本鉄道の中間駅として、1885（明治18）年に開業した。同年、のちに東北本線となる路線が同駅から分岐すると、車両基地や工場などの鉄道施設が次々とつくられ、大宮は鉄道の町として発展していく。そして1982（昭和57）年、東北・上越新幹線の暫定営業に際して始発駅となった。写真は東北・上越新幹線の工事たけなわの1981（昭和56）年の風景。奥が東北・上越新幹線のホームで手前に在来線の特急列車が走る。

（上）1988（昭和63）年の駅前広場。当時は駅と商業施設を結ぶペデストリアンデッキの建設工事が行われていた。

（下）2007（平成19）年には、広大な鉄道用地の一部を利用した鉄道博物館がオープンしている。

国鉄／JR千葉駅

1894（明治27）年に総武鉄道（当初市川・佐倉間）の駅として開業した。2年後に房総鉄道（千葉・大網間）が乗り入れて国有化された。関東大震災や空襲による駅舎焼失を経て、1963（昭和38）年に現在の場所に移転し、線路の配置も変更になった。写真は国鉄時代の千葉駅ビル。いかにも地方の中核駅らしい姿だが、2018（平成30）年までに駅ビルの全面改装が終わり、現在は当時の面影は残されていない。

千葉駅に進入する非電化時代の房総線普通列車。キハ 25 形＋キハ 26 形＋キハ 35 形からなる国鉄気動車列車に典型的な混成編成だ。総武本線は千葉駅から大きな Y の字で線路が分かれていくため、写真の左側のビルの向こうにある。千葉そごうはのちに移転し、現在はヨドバシカメラに受け継がれている。

国鉄／JR 横浜駅

1928（昭和 3）年に東海道本線が現在と同じルートに変更された際、3代目の横浜駅がつくられた。空襲で焼けたものの、修復して戦後も使われた。写真は 1970 年頃の東口の風景。当時は東口がメインで、市電が通っていたり、完成したばかりの西口駅ビルや百貨店も見えるが、まもなく西口のほうが栄えるようになる。

（上）駅舎は重厚なつくりだったが、内部は薄暗かった。取り壊される前までは、東口にみどりの窓口があり、親に頼まれてお盆の指定券をとるために徹夜で並んだ思い出がある。

（下）1964（昭和 39）年のホームの様子。特急「こだま」が停車している。

北海道の駅

国鉄／JR 留萌《るもい》本線　増毛《ましけ》駅

北海道の冬は寒く、雪が多い。

そのため駅舎の多くは、傾斜が深くて雪が滑りやすいトタン屋根を採用したり、玄関や跨線橋に風除扉を設けるなどの対策を施してきた。また、駅の待合室に置かれた大きなストーブや、自然災害に備える保線作業員のための建物も見慣れたものだった。

近年、北海道では廃線・廃駅が増えており、そうした懐かしい駅の風景もなかなか見られなくなってきている。

（上右）1921（大正 10）年開業。往時は樺太航路の接続駅として栄えた。駅名から「髪の毛の聖地」としてありがたがられてきたが、2016（平成 28）年に留萌・増毛間が廃止となり、この駅も廃駅とされた。

（上左）1929（昭和 4）年開業。近隣には牧場くらいしかなく、利用者減で 2018（平成 29）年に旅客営業を廃止した。現在は信号所として残っているが、ＪＲ北海道の無人駅の中でこのように国鉄時代の姿をとどめている事例は珍しい。

国鉄／JR 根室本線（列車代行バス） 幾寅《いくとら》駅

1902（明治 35）年開業。映画『鉄道員《ぽっぽや》』の舞台「幌舞《ほろまい》駅」になったことで一躍有名に。2016（平成 28）年の台風被害によって東鹿越・新得間が運休したため、現在は列車代行バスでしか訪れることができない。

1956（昭和 31）年開業。1970 年代にテレビ番組で紹介されたのをきっかけに、2 駅隣の愛国駅から幸福駅行きの切符が人気を博した。1987（昭和 62）年に廃線となったが、駅舎跡が残っており、観光客が来訪記念として名刺を貼付していく。

国鉄広尾線　幸福《こうふく》駅

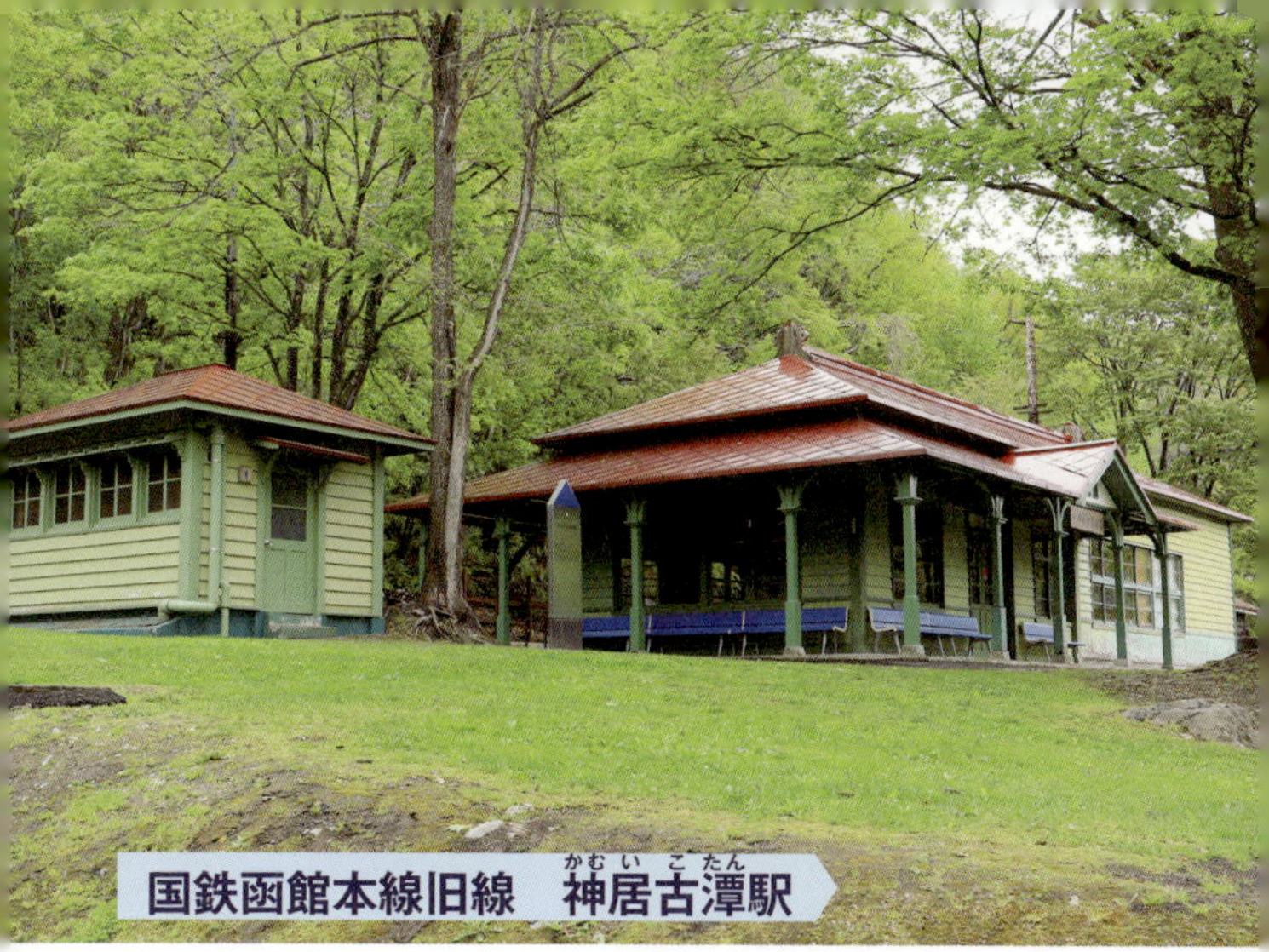

国鉄函館本線旧線　神居古潭《かむいこたん》駅

1901（明治 34）年開業。1969（昭和 44）年の廃駅後、駅舎はサイクリングロードの休憩所として整備され、現在は旭川市指定文化財となっている。

1948（昭和 23）年に急増する炭鉱労働者の住宅街の駅として開業したが、1972（昭和 47）年の路線廃止により廃駅に。駅舎は美唄市に寄贈され、現在まで保存されている。

三菱鉱業美唄《びばい》鉄道　東明《とうめい》駅

東北地方の駅

津軽鉄道　津軽中里駅

東北地方の駅は北海道の駅同様、寒さや雪対策として風除室のあるトタン屋根の駅舎が多かった。

ただし、北海道の駅舎がエキゾチックなのに対して、東北地方の駅舎は日本の原風景的なデザインのものが少なくない。ふるさと創生事業資金により、伝統ある駅舎を取り壊して奇抜なデザインに改築された駅舎があるのが惜しまれる。

津軽鉄道　旧芦《あし》野《の》公園《こうえん》駅

（上右）1930（昭和 5）年開業。風除室を備えた、いかにも東北らしい駅舎だった。現在は商業施設を併設した駅になっており、かつての面影は感じられない。

（上左）1930（昭和 5）年開業。太《だ》宰《ざい》治《おさむ》の小説『津軽』にも登場し、1975（昭和 50）年まで駅舎として使われていた。その後、喫茶店として再利用され、国の登録有形文化財に指定された。

国鉄／JR津軽線　油川《あぶらかわ》駅

1951（昭和26）年開業。青函トンネルが運用されると電化され、津軽海峡線に組み込まれたが、北海道新幹線の開業で元に戻った。かつては機能本位の駅舎だったが、2017（平成28）年に油川にあるイワシの缶詰工場として使用されている洋館をイメージした駅舎に生まれ変わっている。

国鉄／JR大湊《おおみなと》線　下北駅

1939（昭和 14）年にこの駅を起点とする大畑線と同時に開業。駅舎は木造で、隣のホームと踏切で結ばれていたが、2009（平成 21）年に改築された。

1921（大正 10）年開業。東北の駅百選に選ばれている。2007（平成 19）年のくりはら田園鉄道の廃止に伴い廃駅に。現在は旧駅舎を中心に「くりでんミュージアム」となり、保存車両も展示されている。

くりはら田園鉄道（栗原電鉄）旧若柳駅舎

国鉄阿《あ》仁《に》合《あい》線（現秋田内陸縦貫鉄道）阿仁合駅

1936（昭和 11）年開業。江戸時代から阿仁銅山で栄え、森吉山観光の玄関口としても使われた。国鉄時代の駅舎は小さく、2018（平成 30）年に改装された駅舎は、東北の駅百選に選ばれている。

国鉄／JR山形新幹線・奥羽本線　米沢駅

1899（明治32）年開業。米沢藩の城下町にふさわしく、文明開化の匂いが感じられる洋館風の駅舎だった。現在の駅舎は1993（平成5）年に改装されたもの。

1922（大正11）年開業。2002（平成14）年にユニークなデザインの新駅舎となる前までは、ごく普通の駅舎だった。

国鉄／JR左沢《あてらざわ》線　左沢駅

山形交通　旧高畠《たかはた》駅舎

1934（昭和 9）年落成の駅舎。地元名産の高畠石で建てられている。このあたりは製糸業が盛んで、山形交通鉄道は製品輸送を目的につくられたが、1974（昭和 49）年の同線廃止に伴い、駅も廃止になった。跡地には当時の車両が保存されている。

国鉄／JR水郡《すいぐん》線　矢祭山《やまつりやま》駅

1932（昭和7）年に仮乗降場として開業し、のちに駅に昇格した。桜・つつじ・鮎つりの名所であるため、無人駅ながら観光地らしい風情のある駅舎となっている。

関東・甲信越地方の駅

国鉄／JR水郡《すいぐん》線　常陸太田《ひたちおおた》駅

　都心部を走る路線では、立派な駅ビルつきの駅や橋上駅が目についた。その一方で、郊外に目を転じると、昭和時代にはまだ昔ながらの駅舎が多く残っていた。

　関東地方は雪が少ないので、屋根の勾配が比較的浅い瓦ぶきの駅舎が見られた。また、高度成長期に宅地化が進み、建て替えが行われたため、近年の地方創生事業で改築された駅舎に多い奇抜なデザインのものは少ない。

国鉄／JR 足尾線（現わたらせ渓谷鐵道）通洞《つうどう》駅

（上右）1899（明治 32）年開業。水郡線の支線駅的扱いだが、常陸太田市の玄関口で、かつては日立電鉄も接続していた。2010（平成 22）年に建て替えられた。

（上左）足尾銅山で栄えた旧足尾町の中心部にある。現在は駅の近くに足尾銅山の観光施設がある。

国鉄／JR両毛《りょうもう》線　栃木駅

現在は高架線だが、かつては両毛線（左）・東武日光線（右）とも地上駅だった。1984（昭和59）年までは古豪のEF15などが貨物列車を牽引していた。

国鉄／JR 成田線　布佐《ふさ》駅

このあたりは江戸時代から利根川の水運で栄えた地域で、布佐駅は 1901（明治 34）年に成田鉄道の駅として開業した。1993（平成 5）年に橋上駅に改築されている。

京成電鉄　旧博物館動物園駅

1933（昭和 8）年開業。御料地のため勅許を得なければならず、私鉄でありながら鉄道省が駅舎を設計した。その結果、駅舎は荘厳な洋風建築となった。しかし長編成に対応できず、1997（平成 9）年に営業休止となり、のちに廃駅とされた。

国鉄／JR 総《そう》武《ぶ》本線　両国駅

総武快速線が開業するまでは千葉以遠に向かう列車は長距離ホーム（現在の団体・臨時ホーム）に発着していた。

新津駅は信越本線と羽越《うえつ》本線、磐越西《ばんえつさい》線が交わる鉄道の要所。EF58が牽引する客車列車（右）と新潟色（降雪時の視認性を考慮した朱色と黄色の新潟地区独特の塗装）の旧型国電（中央）が並ぶ貴重なシーンである。

国鉄／JR小《こ》海《うみ》線　甲《か》斐《い》小《こ》泉《いずみ》駅

国鉄時代は有人駅だったが、民営化後は無人駅となった。ホーム上の待合室は現在も使われている。駅を通過しようとしているのは、「高原のポニー」の愛称で親しまれたC 56形蒸気機関車が牽引する貨物列車。

国鉄／JR 身延《みのぶ》線　下部《しもべ》駅（現下部温泉駅）

信玄公の隠し湯として江戸時代から栄えた下部温泉の玄関口。待合室の広告から、身延線を利用する観光客が多かったことがわかる。現在は特急「ふじかわ」が停車するが、無人駅である。

1922（大正 11）年開業。松代には松代城址があり、戦時中は大本営が置かれていた。2012（平成 24）年の屋代線廃止に伴い廃駅となり、現在は観光案内所およびバス待合室として使われている。

長野電鉄屋代《やしろ》線　旧松代《まつしろ》駅

草軽《くさかる》電気鉄道　旧北軽井沢駅舎

1918（大正 7）年開業。草軽電気鉄道は新軽井沢から草津温泉間の 55.5 キロを結ぶ軽便鉄道。この駅舎は別荘地法政大学村から寄贈された。同鉄道廃止により廃駅となるも、残された駅舎は 2006（平成 18）年に登録有形文化財に指定されている。

近畿・中国四国地方の駅

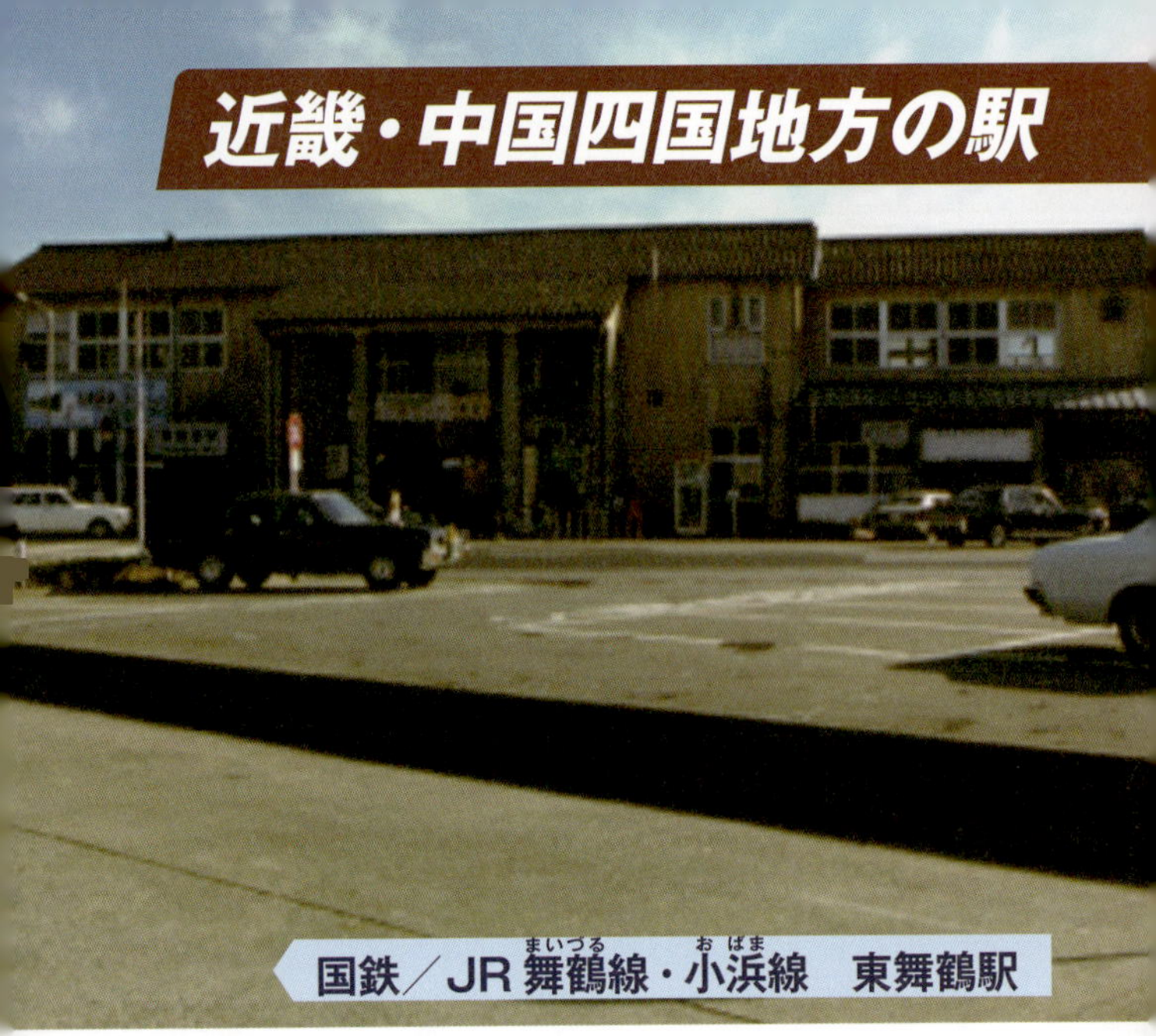

国鉄／JR舞鶴《まいづる》線・小浜《おばま》線　東舞鶴駅

近畿・中国地方は冬と夏との寒暖差が大きい。多くの駅舎はその点を考慮して、断熱効果を高め、風通しをよくするために高い天井空間や大きな窓を設けた。

一方、四国・瀬戸内地方は割と低い天井の駅舎が多い。屋根瓦も近畿・中国地方では明るい色が使われたのに対して、落ち着いた色が使われた。

民営化後はほかの地方同様に機能本位の橋上駅舎やふるさと創生事業資金を使った奇抜な駅舎が増えている。

国鉄宮津《みやづ》線（現京都丹後《たんご》鉄道宮舞線）　丹後《たんご》由良《ゆら》駅

（上右）かつて軍港の街として栄えた舞鶴市の玄関口。戦時中は皇族も利用したため、貴賓室が設けられていた。現在の駅舎は 1996（平成 8）年に建て替えられたもの。

（上左）三島由紀夫の『金閣寺』の中で、主人公の出身地の駅として登場する。現在は前衛的なデザインの駅舎だが、国鉄時代はごく一般的な地方駅だった。民営化を経て 1990（平成 2）年に第三セクター北近畿タンゴ鉄道へ移管し、現在は WILLER TRAINS が経営している。

国鉄福知山《ふくちやま》線支線（尼崎港《あまがさきこう》線）　尼崎港駅

前身は 1891（明治 24）年開業の古い臨港線。高速道路の高架下に張りつくように駅があった。1981（昭和 56）年に旅客営業を廃止、その 3 年後に貨物営業も廃止して廃駅となった。

1895（明治 28）年に播但鉄道飾磨駅として開業、国有化後に飾磨港駅となった。現在の姫路港の物資輸送と四国航路の旅客輸送を担うも、1986（昭和 61）年に廃止されている。

国鉄播但《ばんたん》線支線（飾磨港《しかまこう》線）　飾磨港駅

国鉄／JR 美祢《みね》線大嶺《おおみね》支線　大嶺駅

1905（明治 38）年に山陽鉄道の駅として開業した。大嶺炭鉱の石炭を輸送していたが、閉山に伴い貨物輸送が廃止となり、やがて旅客営業も廃止された。現在、駅のあった場所は県道になっていて往時の面影はない。

国鉄／ JR 大社《たいしゃ》線　大社駅

出雲《いずも》大社への参拝客のため、1924（大正 13）年につくられた。和と洋が融合した大正ロマン溢れる駅舎で、重要文化財・近代化産業遺産に指定されている。廃止された今も見学可能。

国鉄／JR 予讃《よさん》線　五郎《ごろう》駅

予讃本線と内子《うちこ》線の乗換駅として栄え、1970 年代にはその駅名から野口五郎のファンの女性が大勢訪れた。しかし、1986（昭和 61）年に内子線がルートを変更すると無人駅になり、駅舎は解体されてしまった。

九州地方の駅

国鉄／JR筑豊《ちくほう》本線　鯰田《なまずた》駅

北九州には炭鉱が多いため、官営鉄道の時代からたくさんの人々が職を求めて集まってきた。駅舎もその当時の繁栄を表すような立派なものが多い。

特に本州との連絡航路があった門司《もじ》港《こう》駅や鹿児島本線折尾《おりお》駅などは、時代の粋を結集した駅舎といえる。しかし、電化や九州新幹線開業などに伴い、懐かしい駅舎は次々に姿を消していった。

国鉄／JR 鹿児島本線・筑豊本線　折尾駅

（上右）1893（明治 26）年開業。鯰田炭鉱への引き込み線があった駅。駅舎は 2013（平成 25）年に改築された。大正生まれの D50 形蒸気機関車を改造した D60 形は、筑豊地区でも活躍した。

（上左）1916（大正 5）年につくられた旧駅舎。明治と大正の洋風建築が融合したデザインが特徴。再開発にあたり保存を望む声が多かったものの、解体されてしまった。日本初の立体交差駅とされる。

島原鉄道　南島原駅

1913（大正2）年に湊新地駅として開業。雲仙《うんぜん》・普賢岳《ふげんだけ》噴火の影響から一部区間で復旧と再開を繰り返したが、2008（平成20）年に島原外港・加津佐《かづさ》間が廃止された。南島原駅は2015（平成27）年に改築した際に、旧駅舎の特徴であった高窓（明かり採り窓）のイメージを再現している。

国鉄南阿蘇鉄道高森線　高森駅

1928（昭和 3）年開業。宮崎県側の国鉄高千穂《たかちほ》線と繋がる計画があったが、国鉄再建法などにより中止。1987（昭和 62）年に新駅舎の使用が始まった。

1925（大正 14）年開業。かつては大隅《おおすみ》線・志布志線が乗り入れていたが、1987（昭和 62）年に廃止され、日南線の駅となった。現在の駅は約 100 メートル移設されている。

国鉄／JR 日南《にちなん》線　志布志《しぶし》駅

【写真提供】（数字は該当ページです）

櫻田純

22下／33／38／48上／48下／49上／49中／49下／50／51／52／53上／53下／54／55／56／57下／63／64／65／66／67上／67下／68／69上／69下／70上／70下／71／72上／72下／73上／73下／74／75／76／77上／77下／78／79／80／81上／82下／84／85上／85下／86／87／88／89上／89下／90上／90下／91／92／93／94／95上／95下／96／97上／97下／99／104／106／107／108／109上／109下／110上／110下／111／112／113上／113下／114／118／120／121上／121下／122／124／127／128／129／131下／137下右／137下左／154／158／159／160上／160下／161／162／169／186／187上／187下／208下／209／／210上／210下／211上／211下／212上／212下／213／215上／224／228／231／250／251上

二村高史

142／144／145／146／147／148／152／162／163上／168／172／174／181下／182／183／188／189／207／208上／217／226／227上／229上／229下／232／233／234／235／237／238／239／240上／244上／244下／245／247／248／251下

その他、PIXTA（高橋義雄、梅本義則ほか）、photolibrary

【主な参考文献】

『交通公社の時刻表』国鉄監修（日本交通公社）／『鉄道ピクトリアル』（電気車研究会）／『日本の鉄道 100 年』（朝日新聞社）／『旅』（JTB）／『ＪＲ全線全駅』（弘済出版社）／私鉄各社公式ホームページ／各市町村公式ホームページ

※本文中の列車本数などは『交通公社の時刻表』国鉄監修（日本交通公社）～昭和 55 年 12 月 1 日訂補による。

青春新書
INTELLIGENCE

こころ涌き立つ「知」の冒険

いまを生きる

“青春新書”は昭和三一年に——若い日に常にあなたの心の友として、その糧となり実になる多様な知恵が、生きる指標として勇気と力になり、すぐに役立つ——をモットーに創刊された。

そして昭和三八年、新しい時代の気運の中で、新書“プレイブックス”にその役目のバトンを渡した。「人生を自由自在に活動《プレイ》する」のキャッチコピーのもと——すべてのうっ積を吹きとばし、自由闊達な活動力を培養し、勇気と自信を生み出す最も楽しいシリーズ——となった。

いまや、私たちはバブル経済崩壊後の混沌とした価値観のただ中にいる。その価値観は常に未曾有の変貌を見せ、社会は少子高齢化し、地球規模の環境問題等は解決の兆しを見せない。私たちはあらゆる不安と懐疑に対峙している。

本シリーズ“青春新書インテリジェンス”はまさに、この時代の欲求によってプレイブックスから分化・刊行された。それは即ち、「心の中に自らの青春の輝きを失わない旺盛な知力、活力への欲求」に他ならない。応えるべきキャッチコピーは「こころ涌き立つ“知”の冒険」である。

予測のつかない時代にあって、一人ひとりの足元を照らし出すシリーズでありたいと願う。青春出版社は本年創業五〇周年を迎えた。これはひとえに長年に亘る多くの読者の熱いご支持の賜物である。社員一同深く感謝し、より一層世の中に希望と勇気の明るい光を放つ書籍を出版すべく、鋭意志すものである。

平成一七年　　刊行者　小澤源太郎

著者紹介

櫻田 純（さくらだ じゅん）

1959年東京都出身。神奈川県立瀬谷高校、学習院大学卒業。子供時代に東海道新幹線開業、蒸気機関車廃止、路面電車廃止など鉄道激変期を経験する。高校、大学ともに鉄道研究会の代表を務め、全国各地をまわる。現在は民間企業の管理部門に勤務する傍ら、趣味で国鉄時代の鉄道車両を模型で再現している。主な著書に『乗り鉄バイブル』（中経出版）、『日本懐かしし鉄道大全』（辰巳出版）、『通も知らない驚きのネタ！鉄道の雑学大全』（小社刊）など多数。

写真《しゃしん》で記憶《きおく》が甦《よみがえ》る！
懐《なつ》かしの鉄道《てつどう》 車両《しゃりょう》・路線《ろせん》・駅舎《えきしゃ》の旅《たび》

青春新書
INTELLIGENCE

2019年８月15日　第１刷

著　者　櫻《さくら》　田《だ》　　純《じゅん》

発行者　小 澤 源 太 郎

責任編集　株式会社プライム涌光
電話　編集部　03（3203）2850

発行所　東京都新宿区若松町12番１号 〒162-0056　株式会社青春出版社
電話　営業部　03（3207）1916　振替番号　00190-7-98602

印刷・大日本印刷　製本・ナショナル製本

ISBN978-4-413-04575-9